NEW トライアングル学習

警察行政法【補訂版】

受験対策研究会　編著

JN107030

東京法令出版

イラスト　村上太郎

トライアングル学習シリーズの

取扱説明書

よぉし さっそく
勉強するぞ"

おっ
やる気ですね
先輩

B巡査長　　　　　　　　A巡査

大事なことが
コンパクトに
まとまっているよ!!

千里の道も一歩から
さっそく頁をめくってみましょう。

①まずは【組立て】

　　　項目の構成をつかもう

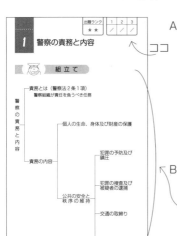

A：まずは日付を書き込みましょう、先輩！
　　「これから勉強するぞ！」という気合入れ、それに後から見たときに履歴が残っていれば、自信やモチベーションの維持にもつながります。

B：ン！
　　それに、この頁を見ると、これから何を勉強していくのか分かりやすいね。

②お次は 【要 点】
重要ポイントをしっかり押さえよう

B：項目ごとの構成が分かりやすく、基礎力を付けるのにバッチリだね！

A：ハイ。しっかり勉強してください。そして、そそっかしい先輩のために、その箇所に応じて【わな】や【ワンポイント】、【Check】を設けてありますよ。

B：おまえ、イヤミか…

要 点

■ 責務とは
警察は、個人の生命、身体及び財産の保護に任じ、犯罪の予防、鎮圧及び捜査、被疑者の逮捕、交通の取締その他公共の安全と秩序の維持に当たることをもってその責務とする（警察法2条1項）。

責務の意義
「責務」とは、警察組織の任務を意味するが、責任を負うべきものであるという趣旨から「任務」ではなく、「責務」とい

 個人の生命、身体及び財産の保護に関連するものがすべて警察の責務となるものではない。例えば、地域の医療体制を整備することは、厚生行政として行われるのである。

Check!
警察官職務執行法2条の「質問」の留意点
○ 被疑者の取調べではないから、刑事訴訟法198条に定める供述拒否権を告知する必要はない。
○ 職務質問の対象者に対し、警察の氏名等を告知する法的義務はない。
○ 警察官職務執行法2条に基づく職務質問を妨害する者に対し、これを排除する行為も職務質問に付随する行為として許される。

③最後に 【練習問題】、【解 答】、【論文対策】
問題演習で、腕試し＆応用力をチェック！！

B：ムッ、む、む、むずか…

A：先輩、気をたしかに！大丈夫、間違えたっていいんです。解答も覚えるくらいしっかり読んで、きちんと理解できれば、試験本番で力を出せますよ。

論文対策

Q 警察官の職務執行の法的根拠について、警察の責務という面からいくつかに分類して述べよ。

〔答案構成〕

1 はじめに
警察は、いうまでもなく行政の一分野であり、その組織及び活動について、法の根拠を要するが、それらを分類すると次のようになる。
組織法としての警察法があり、これは警察の任務、警察とし、

要点に載っていないことが出てくることも。ココでしっかり押さえ、足りない部分は自分で書き込んでいこう。

```
┌─ これがトライアングル効果！ ─────────────
│
│ ① 【組 立 て】 で、その項目の全体像を把握
│
│ ② 【要    点】 で、基礎をしっかり押さえ
│
│ ③ 【練習問題】⎫
│   【解    答】⎭ で、理解度チェックと、プラスαも網羅！
│
│   【論文対策】 で、答案構成を押さえて論点を明確化！
│
│              ↓
│
│   ①～③を何度も繰り返しましょう！
│
└──────────────────────────────
```

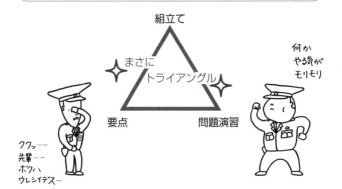

世の中には、たくさんの法学解説書があります。

その中で、本書は、これから勉強を始めるためのとっかかりとして、また、実力アップを図るための基礎力、ＳＡ問題や論文問題への応用力を身に付けるために作られたものです。

【組立て】、【要 点】、問題演習を何度も何度も繰り返し〈トライアングルし〉、分からないことはどんどん調べて書き足して、本書をアナタだけのオリジナルテキストにしていってください。

本書は、皆さんの楽しい試験生活をサポートします。

それでは、一緒に頑張りましょう！！

目　次

～警察行政法～

1 警察の責務と内容

組立て

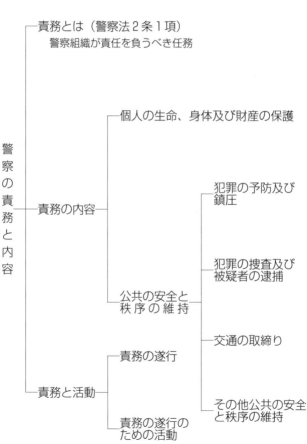

```
警察の責務と内容
├─ 責務とは（警察法2条1項）
│    警察組織が責任を負うべき任務
│
├─ 責務の内容
│    ├─ 個人の生命、身体及び財産の保護
│    │
│    └─ 公共の安全と秩序の維持
│         ├─ 犯罪の予防及び鎮圧
│         ├─ 犯罪の捜査及び被疑者の逮捕
│         ├─ 交通の取締り
│         └─ その他公共の安全と秩序の維持
│
└─ 責務と活動
     ├─ 責務の遂行
     └─ 責務の遂行のための活動
```

１ 責務とは

警察は、個人の生命、身体及び財産の保護に任じ、犯罪の予防、鎮圧及び捜査、被疑者の逮捕、交通の取締りその他公共の安全と秩序の維持に当ることをもってその責務とする（警察法2条1項）。

責務の意義
「責務」とは、警察組織の任務を意味するが、責任を負うべきものであるという趣旨から「任務」ではなく、「責務」という表現が使われている。

警察の責務を限定した意味
組織としての警察の任務を明らかにし、次のような意味を有する。 ○ 他の行政機関との関係における警察の任務を明確にすること。 ○ 任務を達成するのに必要な行為を警察が行うことを認めること。ただし、国民の権利・自由を制限する行為は、個別の法律によって権限が与えられなければならない。 ○ 法律の特別な規定がある場合を除き、警察がそのような任務以外の行為を行うことを制限すること。

２ 責務の内容

個人の生命、身体及び財産の保護
迷い子、家出人等の発見・保護、遺失物の管理、水難・山岳遭難その他の事故における人命救助、交通事故等の各種の事故の防止、危険な事態における避難等の措置、警察安全相談など様々なものが含まれている。 その多くは、強制力を伴わないものが大半であるが、その目的を達成するために、国民の権利・自由の制限を行わざるを得ない場合もある。この場合には、個別の法律の根拠が必要となる。

> **例** 精神錯乱者等の保護措置（警察官職務執行法3条）、危
> 険な事態における関係者に対する措置命令（同法4条）、
> 人の生命、身体に危険が及び又は財産に重大な損害を生ず
> るおそれのある犯罪行為の制止（同法5条）、公共の場所
> 又は公共の乗物における酩酊者の保護（酒に酔つて公衆に
> 迷惑をかける行為の防止等に関する法律3条）等

ワンポイント　個人の生命、身体及び財産の保護に関連すること
がすべて警察の責務となるものではない。例えば、地域の医
療体制を整備することは、厚生行政として行われるものであ
る。

公共の安全と秩序の維持

公共の安全と秩序の維持とは、国家及び社会の公の安全、秩
序を維持することを意味し、具体的には、警察法2条1項で例
示された㋐犯罪の予防、鎮圧及び㋑捜査、被疑者の逮捕、㋒交
通の取締りと㋓その他公共の安全と秩序の維持に分けることが
できる。

㋐犯罪の予防及び鎮圧	○　犯罪の予防 ・予防措置…警ら、特定の人又は場所における警護、警備警戒活動によって、犯罪の発生を未然に防止するもの ・防犯活動…補導活動等により不良化を防ぎ、あるいは防犯意識等を啓発することなどによって、犯罪の一般的発生を防止するという広範囲活動 ・その他…防犯指導、地域・職域における自主防犯活動の支援、自転車防犯登録の推奨など ○　犯罪の鎮圧 　犯罪の鎮圧とは、犯罪が発生しようとするのを未然に防ぎ、あるいは発生した後においてはその拡大を防止し、終息させることをいう。法的には、警察官職務執行法の犯罪の警告・制止、刑事訴訟法上の現行犯逮捕の規定がある。
㋑犯罪の	犯罪の捜査は、この規定により、組織としての警察の責務となり、権限行使については刑事訴訟法が具体的に規定している。被疑者の逮捕は、犯罪の捜査に含まれるが、重

捜査及び被疑者の逮捕	要なものなので、特に明記されている。 **ワンポイント** ここにいう「犯罪」とは、法令によって刑罰を科すこととされた行為のすべてであって、刑事犯のみに限らず、行政犯も含まれる。また、地方公共団体の条例であって刑罰を科すこととされている行為も含まれる。
(ウ) 交通の取締り	交通の取締りとは、交通の安全・秩序の維持のために行われる道路交通の管理を目的とする諸活動を意味するから、道路における車両・歩行者等の交通の規制、運転免許等に関する行政措置、交通法令違反者の取締り等がこれに当たり、交通の取締りに関しては、いうまでもなく道路交通法等がある。
(エ) その他公共の安全と秩序の維持	公共の安全と秩序とは、法令等が遵守され、社会生活が平穏に営まれている状態を意味し、公共の安全と秩序に支障となる行為を防止し、公共の安全と秩序を維持することである。 公共の安全と秩序に支障となる行為の中で法律によって規制され、犯罪とされているものについては、犯罪の予防、捜査等を行うこととなるが、それに限られるわけではない。例えば、刑事未成年者や心神喪失者の行為は犯罪として処罰されないが、公共の安全と秩序に支障となるものとして、予防、制止等の措置の対象となる。 また、公共の安全と秩序の維持を図るために行う各種情報収集は、相当性等の要件を満たす範囲で許容されるといえる。

3 責務と活動

責務の遂行

警察の責務を遂行するに当たっては、その権限を濫用することは許されず、国民の権利・自由を制限することは、個々の法律により認められた範囲でのみ許され、その権限行使は法の趣旨・目的に沿って行われなければならず、他の目的のために権限を行使してはならない。また、不偏不党かつ公平中正に行われなければならない。

責務の遂行のための活動

　警察の責務の遂行のための活動には、やり方によって、国民の権利・自由を制限するものと、地理案内等国民の権利・自由を制約するものではないものがある。

参考判例

個人の生命、身体及び財産の保護に関する判例　最判昭59.3.23

　海中に投棄された旧陸軍の砲弾類の一部が海浜に打ち上げられ、たき火の最中に爆発して人身事故が生じた場合において、投棄された砲弾類が島民等によって広く利用されていた海浜に毎年のように打ち上げられ、島民等は絶えず爆発による人身事故等の発生の危険にさらされていたが、この危険を通常の手段では除去することができず、放置すれば島民等の生命、身体の安全が確保されないことが相当の蓋然性をもって予測されうるような判示の事実関係のもとで、警察官がこれを容易に知りうるような状況にあったときは、警察官が、自ら又は他の機関に依頼して、砲弾類を回収するなどの措置をとらなかったことは、その職務上の義務に違背し、違法である。

公共の安全と秩序の維持に関する判例　金沢地判昭44.9.5

　何らの強制力の伴わない警備情報収集活動が一般的に警察官の職務行為に含まれるとしても、それが適法なものかどうかについては、それが真に公共の安全、秩序の維持を図るためになされたかどうか、その責務の遂行が正当な範囲内のものであったかどうか、憲法の保障する国民の権利を侵害することがなかったかどうかなどの諸点を慎重に考慮して判断しなければならない。

Q

次のうち、正しいものには○、誤っているものには×を記せ。

(1)　警察の責務は、個人の生命、身体及び財産の保護に任じ、犯罪の予防、鎮圧及び捜査、被疑者の逮捕、交通の取締りその他公共の安全と秩序の維持に当たることにあるが、これらの個人の生命、身体及び財産の保護に関連することはすべて警察の責務にとり込まれる。

(2)　警察活動は、警察官自身による迷い子等の発見活動、水難・山岳遭難等における救助、地域の安全情報の提供など、強制力を伴わないもののほか、国民の権利、自由を制限するものもあるが、後者の場合は、他の個別の法律の根拠が必要である。

(3)　警察の責務は、大別して、「個人の生命、身体及び財産の保護」と「公共の安全と秩序の維持」に分けられ、このうち警察法2条で列挙する「犯罪の予防、鎮圧及び捜査、被疑者の逮捕、交通の取締」は「公共の安全と秩序の維持」の例示である。

(4)　警察活動は、警察の責務の範囲において行い、権限を濫用するようなことはあってはならないが、警察法上このことを改めて確認した規定は設けられていない。

(5)　警察の責務の例示である「犯罪の予防」とは、警察官による警ら（パトロール）や特定の人又は場所における警戒警備、警護等によって、直接的に犯罪の発生を未然に防止する活動をいう。

× (1) 警察は警察法2条1項に規定されているとおり、個人の生命、身体及び財産の保護に当たるが、必ずしもそれらすべて警察の任務となるものではない。例えば、地域の医療体制を整備することは、厚生行政として行われるものである。

○ (2) 国民の権利・自由を制限する活動の根拠としては、警察官職務執行法、道路交通法、銃砲刀剣類所持等取締法等がある。

○ (3) 警察法2条1項は、警察の責務として、「個人の生命、身体及び財産の保護に任じ、犯罪の予防、鎮圧及び捜査、被疑者の逮捕、交通の取締その他公共の安全と秩序の維持に当る」と規定していることから、「個人の生命、身体及び財産の保護」と「公共の安全と秩序の維持」に分けられる。なお、これらは必ずどちらかにのみ属するということではない。例えば人を殺傷しようとする行為を防止することは、個人の生命の保護と犯罪の予防（公共の安全と秩序の維持）双方の作用である。

× (4) 警察法2条2項は「警察の活動は、厳格に前項の責務の範囲に限られるべきものであつて、その責務の遂行に当つては、不偏不党且つ公平中正を旨とし、いやしくも日本国憲法の保障する個人の権利及び自由の干渉にわたる等その権限を濫用することがあつてはならない」として、警察活動の範囲と権限濫用禁止を明定している。

× (5) 犯罪の予防には、設問のような活動によって、犯罪の具体的発生を防止するという直接的予防措置と、少年補導、防犯指導、自転車防犯登録など防犯意識の啓発等によって犯罪の一般的発生を防止するという間接的防犯活動も含まれている。

(6)　警察の責務の例示である「犯罪の捜査及び被疑者の逮捕」
　　は、警察活動上、特に重要なため明記されたもので、このた
　　めの権限の行使については、刑事訴訟法が規定している。こ
　　こでいう犯罪とは、刑事犯を指していると解される。

(7)　警察の責務の例示である「交通の取締」とは、いわゆる道
　　路交通法令違反の取締りを指しており、これが交通警察の代
　　表的な活動であることから、特に列挙されたものである。

(8)　公安の維持に支障を生ずる犯罪等の事態の発生を予防し、
　　あるいはいったん発生した場合の影響を最小限とするために
　　体制を整えることや、その対策樹立に資する目的で行う情報
　　収集行為は、警察の責務を果たすため、かつ、その手段、方
　　法が国民の権利・自由を侵害せず、社会通念上妥当で相当な
　　ものである限り、違法視されるものではない。

(9)　警察法2条は警察の責務を明記しているが、この責務を具
　　体的に果たすため、警察法は警察事務を都道府県に団体委任
　　することを明らかにしている。

(10)　警察の責務として「個人の生命、身体及び財産の保護」が
　　あるが、「個人」の生命、身体及び財産の保護としているこ
　　とから、「個人」とは、自然人を限定した趣旨である。

× (6) 犯罪の捜査及び被疑者の逮捕は、重要な警察活動であり、そのための権限行使規定に刑事訴訟法がある。犯罪の捜査にいう「犯罪」とは、法令によって刑罰を科することとされた行為のすべてであって、刑事犯（自然犯）だけでなく、行政犯（法定犯）も含まれる。また地方公共団体の条例であっても、刑罰を科すこととされている行為も含まれる。

× (7) ここでいう交通の取締りとは、交通の安全及び秩序の維持のために行われる道路交通の管理を目的とする諸活動を意味しており、具体的には、道路における車両、歩行者等の交通の規制、運転免許等に関する行政措置、道路交通法令違反の防止及び捜査等が包含されている。したがって、道路交通法令違反の取締りに限られるわけではない。

○ (8) 情報収集活動は、警察法2条の責務を遂行するため、かつその範囲内で行われ、その手段方法も社会通念上相当と認められ、妥当なものである限り許容されるもので、特に特別の法律の根拠は必要でないと解されている。

○ (9) 警察法は36条において、警察事務を都道府県に団体委任し、各都道府県警察は、それぞれの管轄区域について警察の責務を負うものとしている。

× (10) ここでいう「個人」とは通常は自然人を意味しているが、性質上可能な限り、法人にも憲法上の権利・自由の保障が及ぶから、その限りでは、法人の財産権の保障もこれに含まれるというべきである。

Q

　警察官の職務執行の法的根拠について、警察の責務という面からいくつかに分類して述べよ。

〔答案構成〕

1　はじめに

　警察は、いうまでもなく行政の一分野であり、その組織及び活動について、法の根拠を要するが、それらを分類すると次のようになる。

　組織法としての警察法があり、これは警察の任務、警察という機関の設置、所掌事務、内部関係について規定している。特に、警察の責務として、警察は個人の生命、身体及び財産の保護に任じ、犯罪の予防、鎮圧及び捜査、被疑者の逮捕、交通の取締りその他公共の安全と秩序の維持に当たること（2条1項）を明確にしており、この警察の責務から導かれる警察官の職務執行の根拠は、次のように分類することができる。

2　個人の生命、身体及び財産の保護

　国民の生命、身体及び財産を危うくする行為には様々なものがあり、このため「個人の生命、身体及び財産」を保護することは、警察の重要な任務である。

　警察活動において遭遇するものとしては、迷い子・家出人等の発見・保護、遺失物の管理、水難・山岳遭難その他の事故における人命救助、交通事故等の各種の事故の防止、危険な事態における避難等の措置、警察安全相談など様々なものが含まれており、これらは強制力を伴わないものが大半であるが、中には国民の権利・自由の制限を伴うものがあり、これらは、個別の法律の根拠が必要となる。

　精神錯乱者等の保護措置、危険な事態における関係者に対する措置命令、人の生命、身体に危険が及び又は財産に重大な損害を生ずるおそれのある犯罪行為の制止等については、警察官職務執行法がその根拠となっている。

また、留意すべきものとして、個人の生命、身体及び財産の保護に関連することが必ずしもすべての警察の責務となるものではないということである。

　例えば、地域医療体制の整備などは、個人の生命、身体を保護する上で重要なものであるが、これらは厚生行政として行われるものであり、警察の責務に属するものではない。警察が医療に関して行う活動としては、負傷者の救出等のような行為である。

3　公共の安全と秩序の維持

　公共の安全と秩序の維持について具体的に示すと、警察法2条で列挙された犯罪の予防、鎮圧及び捜査、被疑者の逮捕、交通の取締りとその他の公共の安全と秩序の維持とに分けることができる。

(1)　犯罪の予防、鎮圧

　犯罪の予防には、警ら活動や特定の人又は場所における警護、警備警戒活動によって、犯罪の発生を未然に防止するという直接的予防措置と、青少年の補導活動等による不良化防止、防犯意識等を啓発するなどによって、犯罪の一般的発生を防止するという間接的な防犯活動の双方が含まれる。

　犯罪の鎮圧とは、犯罪が発生しようとするのを未然に防ぎ、あるいは発生した後においてはその拡大を防止・終息させることをいう。

　犯罪の予防、鎮圧を図るための法規としては、警察官職務執行法（犯罪の警告・制止）や刑事訴訟法（現行犯逮捕）がある。

(2)　犯罪の捜査、被疑者の逮捕

　被疑者の逮捕は、犯罪の捜査に含まれるが、この権限行使の根拠は、刑事訴訟法である。

(3)　交通の取締り

　交通の取締りとは、交通の安全・秩序の維持のために行われる道路交通の管理を目的とする諸活動を意味するから、道路における車両・歩行者等の交通の規制、運転免許等に関する行政措置、交通法令違反者の取締り等がこれに

該当し、交通の取締りに関しては、いうまでもなく道路交通法等にのっとって権限行使がなされる。

(4) その他の公共の安全と秩序の維持

　公共の安全と秩序とは、法令等が遵守され、社会生活が平穏に営まれている状態を意味し、公共の安全と秩序に支障となる行為を防止し、公共の安全と秩序を維持することが警察の責務といえるものである。

　14歳未満の者や心神喪失者による行為は犯罪には当たらないが、この範ちゅうにはいるものである。

　なお、公共の安全と秩序の維持に当たるものとして、暴力団対策や風俗環境の保持、銃砲の所持等の規制など法令に規定されているもの、あるいは、府県によっては公安条例、暴騒音規制条例、青少年保護育成条例等がある。

　さらに、各種情報収集活動が公共の安全と秩序の維持を図るために行われているが、相当性等の要件を満たす範囲内で許容されるものといえる。

2 公安委員会制度

組 立 て

公安委員会制度

├─ 国家公安委員会
│ 　内閣総理大臣の所轄の下に置かれる合議体の行政委員会
│
└─ 都道府県公安委員会
　　○ 組　織
　　　住民を代表する合議体の機関
　　○ 権　限
　　　・警察法の主なもの
　　　・警察法以外の法律・条例において公安委員会の権限とされた事務
　　　・都道府県警察の管理

　├─ 知事との関係
　│ 　知事の所轄の下に置かれる機関
　│
　├─ 監察の指示等
　│
　└─ 苦情の申出等

要　　点

1　国家公安委員会

　国務大臣たる委員長及び内閣総理大臣によって任命される委員によって構成される合議体の行政委員会であり、国の警察行政の管理を行う機関。内閣総理大臣の所轄の下に置かれ、国家行政組織の上では内閣府の外局たる地位にある。

ワンポイント　「所轄」とは指揮命令権のない監督関係

　　公安委員会制度が採用されているのは、警察行政の政治的中立性を確保し、かつ、国民の代表としての委員が管理することで、その運営が国民と遊離したものとなることを防ごうとするものである。

2　都道府県公安委員会

　都道府県に、住民を代表する合議体の機関として、都道府県公安委員会が置かれ、警察の政治的中立性の確保と民主的管理が図られている。

　都道府県公安委員会は、都道府県警察を管理し、また法令によってその権限とされた事務をつかさどる。

ワンポイント　「管理」とは、事務処理の大綱を定めてこれにより事前事後の監督を行うことであり、個々の事務の執行についての指揮監督を含まない。

組　織
○　都道府及び指定県（宮城県、新潟県、埼玉県、千葉県、神奈川県、愛知県、静岡県、兵庫県、広島県、福岡県）は、5人の委員で構成。 ○　指定県以外は、3人の委員で構成。 　委員長は、委員の中から互選によって決められ、委員長の任期は1年で、再任することができる。 　委員長は、委員会の招集、開催、採決等の議事、その他委員会の会務を総理し、委員会を代表する。 　委員は、当該都道府県議会議員の被選挙権を有する者から、都道府県知事が都道府県議会の同意を得て任命する。委員は、

その身分が保障され、一定の欠格事由や心身故障で職務執行できないなどの場合を除いては、その意に反して罷免されない。

権　限
都道府県公安委員会は、都道府県警察を管理するほか、次のような権限を有する。

警察法の主なもの	・　都道府県警察の警視正以上の階級にある警察官の任免についての同意、懲戒・罷免の勧告 ・　法令又は条例の特別の委任に基づく公安委員会規則の制定 ・　公安委員会の運営方法の自律的決定 ・　都道府県警察の組織の細目に関する規則の制定 ・　警察庁又は他の都道府県警察に対する援助要求
警察法以外の法律・条例において公安委員会の権限とされた事務の主なもの	・　道路交通法に基づく道路における交通規制、車両等の運転者の遵守事項及び道路における禁止行為を定めること、運転免許、免許の停止・取消し、聴聞 ・　風営適正化法に基づくもの 　風俗営業の許可、営業の停止、取消し、聴聞 　店舗型性風俗特殊営業等の届出の受理、指示、営業の停止 ・　古物営業法及び質屋営業法に基づくもの 　古物・質屋営業の許可、営業の停止、取消し、聴聞 ・　銃刀法に基づくもの 　銃刀類の所持の許可、許可の取消し、物件の仮領置、聴聞 　指定射撃場の指定、教習射撃指導員の解任命令、指定の解除 ・　警備業法に基づくもの 　警備業の認定、認定の取消し、指示、営業の停止、聴聞 ・　刑事訴訟法に基づく逮捕状を請求することのできる警部以上の司法警察員の指定等

		国家公安委員会	都道府県公安委員会
委員長	資格	国務大臣	都道府県公安委員会の委員
	任命	内閣総理大臣が任命	委員の中から互選で決定（任期は1年）
委員	資格	任命前5年間に警察又は検察の職務を行う職業的公務員の前歴のない者	都道府県議会議員の被選挙権を有する者
	任命	内閣総理大臣が両議院の同意を得て任命	都道府県知事が都道府県議会の同意を得て任命
	人数	5人	都道府及び指定県……5人（宮城県、新潟県、埼玉県、千葉県、神奈川県、愛知県、静岡県、兵庫県、広島県、福岡県）
			指定県以外……3人

3 都道府県警察と公安委員会の関係

都道府県警察の事務の遂行の長として、都警察に警視総監、道府県警察に道府県警察本部長が置かれ、それぞれ都道府県公安委員会の管理の下に、都道府県警察の事務を統括し、所属の職員を指揮監督する。

ワンポイント 「統括する」とは、事務の全体について総合的に統制し、責に任ずることを意味する。

都道府県公安委員会の管理は、大綱方針を定め、これに即して警察行政が行われるよう監督することであって、個々具体的な事務の執行を指揮監督することは含まれない。

個々の警察職員を指揮監督し、警察事務を執行することについては、警視総監及び道府県警察本部長が最終的な責任を負う。

警視総監及び道府県警察本部長は、この指揮監督権に基づき、通達等を発するのである。

なお、警視総監は、国家公安委員会が都公安委員会の同意を得た上、内閣総理大臣の承認を得て、任免する。道府県警察本部長は、国家公安委員会が道府県公安委員会の同意を得て、任免する。

④ 都道府県公安委員会と知事との関係

都道府県公安委員会は、知事の所轄の下に、都道府県の機関として置かれる。所轄とは、指揮命令権のない所属関係を意味し、都道府県知事は、警察の運営について都道府県公安委員会に対して何らの権限をもっていない。

ただ、知事は、公安委員の任免の権限を有するほか、都道府県警察に関する条例案及び予算案について議会への提出権を有している。

⑤ 監察の指示等

都道府県公安委員会は、都道府県警察の事務又は都道府県警察の職員の非違に関する監察について必要があると認めるときは、都道府県警察に対する管理（警察法38条3項）に基づく指示を具体的又は個別的な事項にわたるものとすることができる。

また、この指示をした場合において、必要があると認めるときは、その指名する委員に、当該指示に係る事項の履行の状況を点検させることができる（警察法43条の2）。

⑥ 苦情の申出等

都道府県警察の職員の職務執行について苦情がある者は、都道府県公安委員会に対し、国家公安委員会規則で定める手続に従い、文書により苦情の申出をすることができる（警察法79条1項）。

また、重大サイバー事案対処に当たる警察庁の警察官及び重大サイバー事案処理に関し、警察庁に派遣された都道府県警察の警察官の職務執行についての苦情についても、同条1項と同様に申出をすることができる（警察法79条2項）。

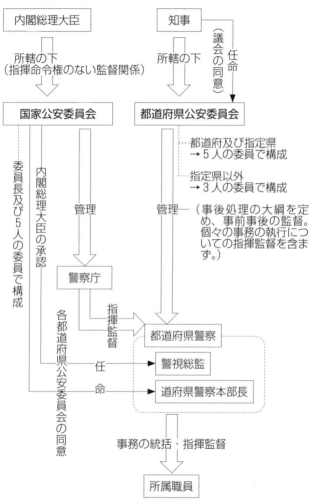

国家公安委員会の任務及び所掌事務

警察法

第5条（任務及び所掌事務）　国家公安委員会は、国の公安に係る警察運営をつかさどり、警察教養、警察通信、情報技術の解析、犯罪鑑識、犯罪統計及び警察装備に関する事項を統轄し、並びに警察行政に関する調整を行うことにより、個人の権利と自由を保護し、公共の安全と秩序を維持することを任務とする。

2・3〔略〕

4　国家公安委員会は、第1項の任務を達成するため、次に掲げる事務について、警察庁を管理する。

① 警察に関する制度の企画及び立案に関すること。

② 警察に関する国の予算に関すること。

③ 警察に関する国の政策の評価に関すること。

④ 次に掲げる事案で国の公安に係るものについての警察運営に関すること。

　イ 民心に不安を生ずべき大規模な災害に係る事案

　ロ 地方の静穏を害するおそれのある騒乱に係る事案

　ハ 国際関係に重大な影響を与え、その他国の重大な利益を著しく害するおそれのある航空機の強取、人質による強要、爆発物の所持その他これらに準ずる犯罪に係る事案

⑤ 第71条の緊急事態に対処するための計画及びその実施に関すること。

⑥ 次のいずれかに該当する広域組織犯罪その他の事案（以下「広域組織犯罪等」という。）に対処するための警察の態勢に関すること。

　イ 全国の広範な区域において個人の生命、身体及び財産並びに公共の安全と秩序を害し、又は害するおそれのある事案（ハに掲げるものを除く。）

ロ　国外において日本国民の生命、身体及び財産並びに日本国の重大な利益を害し、又は害するおそれのある事案（ハに掲げるものを除く。）

ハ　サイバーセキュリティ（サイバーセキュリティ基本法（平成26年法律第104号）第２条に規定するサイバーセキュリティをいう。）が害されることその他情報技術を用いた不正な行為により生ずる個人の生命、身体及び財産並びに公共の安全と秩序を害し、又は害するおそれのある事案（以下この号及び第25条第１号において「サイバー事案」という。）のうち次のいずれかに該当するもの（第16号及び第61条の３において「重大サイバー事案」という。）

(1)　次に掲げる事務又は事業の実施に重大な支障が生じ、又は生ずるおそれのある事案

(i)　国又は地方公共団体の重要な情報の管理又は重要な情報システムの運用に関する事務

(ii)　国民生活及び経済活動の基盤であつて、その機能が停止し、又は低下した場合に国民生活又は経済活動に多大な影響を及ぼすおそれが生ずるものに関する事業

(2)　高度な技術的手法が用いられる事案その他のその対処に高度な技術を要する事案

(3)　国外に所在する者であつてサイバー事案を生じさせる不正な活動を行うものが関与する事案

⑦　全国的な幹線道路における交通の規制に関すること。

⑧　犯罪による収益に関する情報の集約、整理及び分析並びに関係機関に対する提供に関すること。

⑨　国際刑事警察機構、外国の警察行政機関その他国際的な警察に関する関係機関との連絡に関すること。

⑩　国際捜査共助に関すること。

⑪　国際緊急援助活動に関すること。

⑫　所掌事務に係る国際協力に関すること。

⑬　犯罪被害者等基本計画（犯罪被害者等基本法（平成16年法律第161号）第８条第１項に規定する犯罪

被害者等基本計画をいう。第21条第21号において同じ。）の作成及び推進に関すること。

⑭ 債権管理回収業に関する特別措置法（平成10年法律第126号）の規定に基づく意見の陳述その他の活動に関すること。

⑮ 無差別大量殺人行為を行った団体の規制に関する法律（平成11年法律第147号）の規定に基づく意見の陳述その他の活動に関すること。

⑯ 重大サイバー事案に係る犯罪の捜査その他の重大サイバー事案に対処するための警察の活動に関すること。

⑰ 皇宮警察に関すること。

⑱ 警察教養施設の維持管理その他警察教養に関すること。

⑲ 警察通信施設の維持管理その他警察通信に関すること。

⑳ 犯罪の取締りのための電子情報処理組織及び電磁的記録（電子的方式、磁気的方式その他人の知覚によつては認識することができない方式で作られる記録であつて、電子計算機による情報処理の用に供されるものをいう。）の解析その他情報技術の解析に関すること。

㉑ 犯罪鑑識施設の維持管理その他犯罪鑑識に関すること。

㉒ 犯罪統計に関すること。

㉓ 警察装備に関すること。

㉔ 警察職員の任用、勤務及び活動の基準に関すること。

㉕ 前号に掲げるもののほか、警察行政に関する調整に関すること。

㉖ 前各号に掲げる事務を遂行するために必要な監察に関すること。

㉗ 前各号に掲げるもののほか、他の法律（これに基づく命令を含む。）の規定に基づき警察庁の権限に属させられた事務

5〜7　〔略〕

 練習問題

Q

次のうち、正しいものには○、誤っているものには×を記せ。

(1) 都道府県公安委員会は、住民を代表する合議体の機関として、都道府県知事の所轄のもとに、都道府県におかれ、警察の政治的中立性の確保と民主的管理が図られている。

(2) 所轄とは、必要に応じて指揮命令権のある所属関係であり、都道府県知事は、警察の運営について都道府県公安委員会に対する一定の指揮権を発動することができる。

(3) 都道府県知事は、警察法により都道府県公安委員の任免の権限を有しているほか、地方自治法上の権限として、都道府県警察に関する条例案及び予算案についての議会への提出権を有しており、他方、公安委員会も独自に予算案や条例案等の議会への提出権を有している。

(4) 都道府県公安委員会は、都道府県警察を管理する。ここでいう「管理」とは、適正な警察運営を図るために、事務の執行について指揮監督を図ることである。

(5) 都道府県警察の警視正以上の階級にある警察官の任免については、国家公安委員会が都道府県公安委員会の同意を得て、任免することになっている。

(6) 都道府県公安委員会は、都道府及び指定県の場合は5人、指定県以外の県の場合は3人の公安委員で組織され、委員長は警視総監あるいは道府県警察本部長が指名し、委員長の任期は3年で、再任されることができる。

22

解　答

○ (1) 都道府県公安委員会は、都道府県知事の所轄のもとに、都道府県の機関として置かれている（警察法38条1項）。

× (2) 所轄とは、指揮命令権のない所属関係を意味し、都道府県知事は、警察の運営について都道府県公安委員会に対して何らの指揮命令権ももっていない。

× (3) 都道府県知事は、警察法39条、41条により都道府県公安委員の任免の権限を有しているほか、地方自治法149条1号及び2号により、都道府県警察に対する条例案及び予算案についての議会への提出権を有している。これに対して、公安委員会は予算案や条例案等の議会への提案権を有していない。なお、国の場合も国家公安委員会にそのような権限はなく、内閣がこれを有している。

× (4) 警察法38条3項に基づき、都道府県公安委員会は、都道府県警察を管理する。管理とは、事務処理の大綱を定めてこれにより事前事後の監督を行うことであり、個々の事務の執行についての指揮監督を含まない。このことは、国家公安委員会の場合と同様である。

○ (5) 警察法55条3項に規定されているとおり。

× (6) 都道府県公安委員会は都道府及び指定県の場合は5人、指定県以外の県の場合は3人の公安委員で組織される。委員長は互選され、委員長の任期は1年で再任することができる（警察法43条1項、2項）。

(7)　都道府県公安委員会は、警察法に掲げられたもののほか、警察法以外の法律や条例において公安委員会の権限が規定されている場合には、これらの権限に属する事務を行う。公安委員会の権限を規定する法律・条例等は多数にのぼり、道路における交通規制、風俗営業の許可、銃砲刀剣類の所持許可等がある。

(8)　都警察の本部として警視庁、道府県警察の本部として道府県警察本部がそれぞれ置かれ、警視庁及び道府県警察本部は、都道府県公安委員会の管理の下に、都道府県警察の事務をつかさどる機関である。そして、他の法令により都道府県公安委員会がつかさどるとされた事務については、警視庁及び道府県警察本部は、都道府県公安委員会を補佐することになる。

(9)　都道府県警察の事務の遂行の長として、都警察に警視総監、道府県警察に道府県警察本部長が置かれ、それぞれ都道府県公安委員会の管理の下に、都道府県警察の事務を統括し、所属の職員を指揮監督する。ここでいう「統括」とは、「管理」と同様な意義であると解されている。

(10)　道府県警察本部長は、国家公安委員会が道府県公安委員会の同意を得て、任免するものとされ、また、道府県公安委員会は、国家公安委員会に対し、その懲戒又は罷免に関し必要な勧告をすることができるとされている。

(11)　重大サイバー事案の処理に関し、警察庁に派遣された都道府県警察の警察官は、国家公安委員会の管理の下で、当該事案処理に当たり必要な限度で全国において職権を行うことができる。

○ (7) 「要点」及び「論文対策」を参考とされたい。

○ (8) 警察法47条2項は「警視庁及び道府県警察本部は、それぞれ、都道府県公安委員会の管理の下に、都警察及び道府県警察の事務をつかさどり、並びに第38条第4項において準用する第5条第5項の事務について都道府県公安委員会を補佐する。」と規定している。

× (9) 前段部分は正しい記述であるが、「統括」とは、「管理」の意義とは異なり、事務の全体について総合的に統制し、責に任ずることを意味している。都道府県公安委員会の「管理」とは、大綱方針を定め、これに即して警察行政が行われるよう監督することであって、個々具体的な事務の執行を指揮監督することは含まれず、個々の警察職員を指揮監督することもできない。個々の職員を指揮監督し、警察事務を執行することについては、警視総監及び道府県警察本部長が最終的に責任を負うことになる。

○ (10) 都道府県警察の事務は、都道府県に団体委任されたものであるが、一面においては国家的性格を有するものであることから、国家的要請にこたえ、全国が斉一したものとなるよう、その任免については、国の機関である国家公安委員会が有することにされたのである。

○ (11) 警察法61条の3第4項に広域組織犯罪等に対処するための措置の1つとして新設された。

論文対策

Q

都道府県公安委員会の組織及び権限について説明し、警察行政に関する知事並びに警察本部長との相互関係についても言及せよ。

〔答案構成〕

1 都道府県公安委員会の組織・権限

(1) 組 織

都道府県に、住民を代表する合議体の機関として、都道府県公安委員会が置かれ、警察の政治的中立性の確保と民主的管理が図られている。

都道府県公安委員会は、都道府及び指定県（宮城県、新潟県、埼玉県、千葉県、神奈川県、愛知県、静岡県、兵庫県、広島県、福岡県）の場合は5人、指定県以外の県の場合は3人の公安委員で組織される。

委員長は、委員の中から互選によって決められ、委員長の任期は1年で、再任することができる。

委員は、当該都道府県議会議員の被選挙権を有する者から、都道府県知事が都道府県議会の同意を得て任命する。

委員は、その身分が保障され、一定の欠格事由や心身故障で職務執行できないなどの場合を除いては、その意に反して罷免されない。

(2) 権 限

都道府県公安委員会は、都道府県警察を管理する。ここにいう「管理」とは、事務処理の大綱を定めてこれにより事前事後の監督を行うことであり、個々の事務の執行についての指揮監督を含まない。

都道府県公安委員会は、都道府県警察を管理するほか、次のような権限を有する。

○ 警察法の主なもの

・ 都道府県警察の警視正以上の階級にある警察官の任

免についての同意、懲戒・罷免についての勧告
- 　法令又は条例の特別の委任に基づく公安委員会規則の制定
- 　公安委員会の運営方法の自律的決定
- 　都道府県警察の組織の細目に関する規則の制定
- 　警察庁又は他の都道府県警察に対する援助の要求
○ 　警察法以外の法律・条例において公安委員会の権限とされた事務
- 　道路交通法に基づく道路における交通規制、車両等の運転者の遵守事項及び道路における禁止行為を定めること、運転免許、免許の停止・取消し、聴聞
- 　風俗営業等の規制及び業務の適正化等に関する法律、古物営業法、質屋営業法に基づく営業の許可、許可の停止、取消し、聴聞等
- 　銃砲刀剣類所持等取締法に基づく銃砲刀剣類の所持許可、許可の取消し等
- 　火薬類取締法に基づく火薬類の運搬の届出の受理等
- 　警備業法に基づく警備業の認定、認定の取消し等
- 　犯罪被害者等給付金の支給等による犯罪被害者等の支援に関する法律に基づく犯罪被害者給付金支給の裁定等
- 　刑事訴訟法に基づく逮捕状を請求することのできる警部以上の司法警察員の指定等

2　知事との相互関係

　都道府県公安委員会は、都道府県知事の所轄の下に、都道府県の機関として置かれる。所轄とは、指揮命令権のない所属関係を意味し、都道府県知事は、警察の運営について都道府県公安委員会に対して何らの権限を有しない。

　知事は、警察法により都道府県公安委員の任免の権限を有する。

3　警察本部長との相互関係

　都道府県警察の事務の遂行の長として、都警察に警視総監、道府県警察に道府県警察本部長が置かれ、都道府県公安委員会の管理の下に、都道府県警察の事務を統括し、所属の職員を指

揮監督する。

　都道府県公安委員会の管理とは、大綱方針を定め、これに即して警察行政が行われるよう監督することであって、個々具体的な事務の執行を指揮監督することは含まれない。

　また、都道府県公安委員会は、個々の警察職員を指揮監督することもできない。

　警視総監は、国家公安委員会が都公安委員会の同意を得た上、内閣総理大臣の承認を得て任免する。道府県警察本部長は、国家公安委員会が道府県公安委員会の同意を得て、任免する。

　職務執行において違法・不当な行為を受けたとして苦情が寄せられたが、苦情の申出制度及び苦情等の受理に当たっての配意事項を述べよ。

〔答案構成〕

1　苦情申出制度

　警察職員の職務執行にまつわる苦情の適切な処理を図るため、警察法79条の規定が設けられている。

　この規定により、都道府県警察の職務執行について苦情がある者は、都道府県公安委員会に対し、国家公安委員会規則で定める手続に従い、文書により申出することができ（同条1項）、公安委員会はこの申出があったときは、法令又は条例の規定に基づきこれを誠実に処理し、処理の結果を文書により申出者に通知しなければならない（同条3項）こととされた。

　この場合の苦情の対象とは、

○　警察職員が、職務執行において違法・不当な行為をしたり、なすべきことをしなかったことにより、何らかの不利益を受けたとして個別具体的にその是正を求める不服

○　警察職員の不適切な執行の態様に関する不平不満

が挙げられる。

　なお、次に掲げるものにあっては、申出者に通知することを要しない（同条3項但し書）。

①　申出が都道府県警察の事務の適正な遂行を妨げる目的で行われたと認められるとき。

②　申出者の所在が不明であるとき。

③　申出者が他の者と共同で苦情の申出を行ったと認められる場合において、当該他の者に当該苦情に係る処理の結果を通知したとき。

　そして、「苦情の申出の手続に関する規則」（平成13年国家公安委員会規則11号）によれば、苦情申出を行おうとする者は、次の事項を記載した苦情申出書を提出するものとする。

①　申出者の氏名、住所及び電話番号

②　申出者が住所以外の連絡先への処理の結果の通知を求め

る場合には、当該連絡先の名称、住所及び電話番号

③　苦情申出の原因たる職務執行の日時及び場所、当該職務執行に係る警察職員の執務の態様その他の事案の概要

④　苦情申出の原因たる職務執行により申出者が受けた具体的な不利益の内容又は当該職務執行に係る警察職員の執務の態様に対する不満の内容

　また、申出者が苦情申出書を作成することが困難であると認める場合は、警察職員が代書し、読み聞かせ又は閲読させ、誤りのないことを確認することとされている。

　なお、警察職員は、苦情申出書を代書するに当たり通訳その他の者を立ち会わせた場合には、当該苦情申出書にその者の氏名を記載するものとする。

2　苦情等の受理に当たっての配意事項

(1)　苦情・要望に対して決して前さばきすることなく、しっかりと受け止め、相談簿等により組織を挙げて対応する。

(2)　常に相手の身になって、誠実・親切に苦情・要望等を受理し、適切な助言指導や措置を行う。

(3)　警察に対する苦情については、率直に耳を傾け、その苦情が警察活動に対する理解不足に基づいているような場合には、警察の業務の仕組みなどを説明し、誤解を解くとともに、今後の協力依頼を行うなどの配慮も忘れてはならない。

(4)　関係機関と良好な関係を保ち、その内容が他の関係機関の事務に属するものについては、担当機関を紹介するなど、手続方法を指導する。

(5)　苦情・要望等により警察として当然改善すべき事項については、速やかに改善措置をとるようにしなければならない。

(6)　苦情・要望等に対しては、警察活動を利用し、あるいはためにするようなものでない限り、申出者に対して、処理結果を伝えることが必要である。

3 管轄区域と職権行使

組 立 て

管轄区域と職権行使

├─ 職権行使の原則

都道府県警察の警察官は、この法律に特別の定めがある場合を除くほか、当該都道府県警察の管轄区域内において職権を行使する（警察法64条2項）。

└─ 管轄区域外での職権行使が認められる場合

├─ 他の都道府県公安委員会の援助要求（警察法60条）

├─ 管轄区域の境界周辺における事案（関係都道府県警察の協議）（警察法60条の2）

├─ 広域組織犯罪等に関する権限（警察法60条の3）

├─ 管轄区域内における公安の維持に関連して必要のある限度における権限行使（警察法61条）

├─ 現行犯人の逮捕（警察法65条）

├─ 移動警察等（警察法66条）

└─ 緊急事態の布告（警察法71条、73条）

1　職権行使の原則

都道府県警察の警察官は、この法律に特別の定めがある場合を除くほか、当該都道府県警察の管轄区域内で職権行使を行う（警察法64条2項）。

しかし、次のような場合には、管轄区域外での職権行使が認められている。

2　管轄区域外での職権行使が認められる場合

他の都道府県公安委員会の援助要求によって派遣された警察官が、援助を要求した都道府県警察の管轄区域内で職権を行う場合（警察法60条）

都道府県公安委員会は、警察庁又は他の都道府県警察に対して援助の要求をすることができる。他の都道府県警察に対して援助の要求をしようとするときは、あらかじめ（やむを得ない場合は事後に）必要な事項を警察庁に連絡しなければならない。

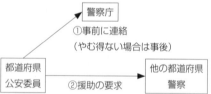

派遣された警察官は、援助の要求をした都道府県公安委員会の管理する都道府県警察の管轄区域内において、当該都道府県公安委員会の管理の下に、職権を行うことができる。

具体的には、大規模な災害や警備実施等、一時的に極めて大きな警察力を要する場合などである。

都道府県警察の管轄区域の境界周辺における事案を処理するため、関係都道府県警察の協議により、他の都道府県警察の管轄区域内で職権を行う場合（警察法60条の2）

管轄区域が隣接し、又は近接する都道府県警察は、相互に協議して定めたところにより、社会的経済的一体性の程度、地理

的状況等から判断して相互に権限を及ぼす必要があると認められる境界の周辺の区域（境界から政令で定める距離までの区域に限る。）における事案を処理するため、当該都道府県警察の管轄区域に権限を及ぼすことができる。

境界から政令で定める距離とは、15キロメートルとされる。

ただし、境界をまたがるトンネル及び高速道路でその出入口（高速道路の場合は出口）が境界から15キロメートルを超える場合には、その出入口（又は出口）までの距離を限界とする。

広域組織犯罪等に関して他の都道府県警察の管轄区域内で職権を行う場合（警察法60条の3）

都道府県警察は、広域組織犯罪等を処理するため、必要な限度において、その管轄区域外に権限を及ぼすことができる。

広域組織犯罪等とは、全国の広範な区域にわたって活動拠点を有する組織等を背景として行われる1又は2以上の犯罪であって、全国の広範な区域において公安を害するおそれのあるもの、あるいはこれに準ずるもので組織性が明らかでないものを指している。

都道府県警察がその管轄区域内における公安の維持に関連して必要がある限度において、管轄区域外に職権を及ぼす場合（警察法61条）

都道府県警察は、居住者、滞在者その他のその管轄区域の関係者の生命、身体及び財産の保護並びにその管轄区域における犯罪の鎮圧及び捜査、被疑者の逮捕その他公安の維持に関連して必要がある限度においては、その管轄区域外にも、権限を及ぼすことができる。

その場合においては、都道府県警察は、その権限を及ぼす区域を管轄する他の都道府県警察と緊密な連絡を保たなければならない。

これは、同一の警察官が都道府県の境界にとらわれることなく継続して警護又は身辺警戒に当たることができるほか、犯罪が広域的性格を有し、犯行場所が複数あり、犯人が逃走しているような場合に一都道府県警察の管轄のみで活動していたのでは、責務遂行が不可能となるため、認められたのである。

現行犯人の逮捕に関して、職権行使を行う場合（警察法65条）

　警察官は、いかなる地域においても、刑事訴訟法212条に規定する現行犯人の逮捕に関しては、警察官としての職権を行うことができる。

　警察官の行う現行犯人の逮捕は、この警察法65条の規定により、すべて職権の行使として行われることとなる。したがって、当然、逮捕に伴い、その現場における捜索・差押等も認められることとなる。

移動警察等について関係都道府県警察の協議により管轄区域外で職権を行う場合（警察法66条）

　警察官は、2以上の都道府県警察の管轄区域にわたる交通機関における移動警察については、関係都道府県警察の協議して定めたところにより、当該関係都道府県警察の管轄区域において、職権を行うことができる。

　また、2以上の都道府県警察の管轄区域にわたる道路の政令で定める区域における交通の円滑と危険の防止を図るため必要があると認められる場合においては、同様の協議により当該道路の区域における事案について、当該関係都道府県警察の管轄区域内において、職権を行うことができる。

ワンポイント　「交通機関における移動警察」とは、列車、電車、船舶、航空機等の公共交通機関における旅客等の生命、身体、財産を保護し、公共の安全と秩序の維持を目的とする警察活動を意味する。

「道路における警察活動」においても協議が必要である。具体的には政令で、

○　高速自動車国道及び自動車専用道路は、都府県の境界から50キロメートルを超えない範囲内で関係都府県警察の協議して定めた距離までの区域、

○　一般国道及び道路運送法による自動車道の場合は都府県の境界から4キロメートルまでの区域（協議によりこれ以下とした場合は、その距離までの区域）

において、職権を行使し得る。

緊急事態の布告が発せられたとき、布告区域外の都道府県警察の警察官が、布告区域その他必要な区域に派遣された場合（警察法71条、73条）

「大規模な災害又は騒乱その他の緊急事態」に際して、治安維持のため特に必要があると認めるときは、国家公安委員会の勧告に基づき、内閣総理大臣は、全国又は一部の区域について緊急事態の布告を発することができる。

このような緊急事態の布告が発せられたとき、布告区域外の都道府県警察の警察官が、布告区域その他必要な区域に派遣された場合には、派遣された区域において職権行使ができる。

参考判例

都道府県警察が警察法61条により、管轄区域外に権限を及ぼし得る範囲　福岡地決昭41.3.9

警察法61条1項によれば、都道府県警察は、その管轄区域内における犯罪の鎮圧および捜査、被疑者の逮捕その他公安の維持に関連して必要がある限度においては、この管轄区域外にも権限を及ぼすことができる旨規定されている。右規定により都道府県警察はその管轄区域内の犯罪の捜査、公安維持に関連して必要がある限度において、その管轄区域外にも、権限を及ぼすことができるのであるが、その立法趣旨に照らすと、右規定にいう関連の限度は社会通念上妥当な因果関係の範囲内にあるものと解するほかはない。

ひるがえって、刑事訴訟法は裁判所の管轄の章に9条2項で臓物に関する罪とその本犯とは共に犯したものとみなし、客観的関連事件となしている。警察官の職務執行が犯罪捜査に関する限り、必然的に公訴を中心とすることに着目すれば、少くとも右刑事訴訟法9条1項2号、2項の規定する関連事件は前記警察法61条1項の所謂「関連の限度」内にあるというべく、したがって、警察官は管轄区域内における窃盗罪の捜査に関連する臓物罪についてはその管轄区域外でも権限を及ぼすことができると解すべきである。

Q

次のうち、正しいものには○、誤っているものには×を記せ。

(1) 大規模な災害による救援活動や警備実施など一時的に大きな警察力を要する場合で、一都道府県警察の能力だけでは対処することができないときは、都道府県公安委員会は、管区警察局に対して、必要な事項を求めて援助の要求をすることができる。

(2) 都道府県公安委員会の援助の要求により派遣された警察庁又は他の都道府県警察の警察官は、援助の要求をした都道府県公安委員会の管理する都道府県警察の管轄区域において、その都道府県公安委員会の管理の下に、警察官としての職権を行使することになる。したがって、身分上の取扱いも当然、派遣先の都道府県警察に移ることになる。

(3) 都道府県警察の境界周辺の事案については、境界周辺の地形、交通事情等によりその地域を管轄する都道府県警察よりも、隣接する都道府県警察で処理するのが能率的である場合がある。このようなことに対応するため、隣接する都道府県警察は、相互に協議して定めるところにより、相手方の管轄区域に権限を及ぼすことができるとしており、相互の協議があれば足り、距離については特に制約はない。

(4) 犯人が逃亡しているような場合、発生した犯罪について捜査の必要があるような場合、一都道府県警察の範囲内でのみ活動していたのでは、警察責務を全うすることができないことから、管轄区域外にも権限を及ぼす必要がある。これについては、警察法においても明確に規定されている。

(5) 他の都道府県内で発生した犯罪の被疑者が自らの都道府県の区域内にいるときは、その被疑者の捜査は、警察法61条の管轄区域外における権限行使の規定が根拠となる。

解 答

× (1) 管区警察局に対して援助要求を求めるのではない。都道府県公安委員会が他の都道府県警察に対して援助の要求をしようとするときは、あらかじめ（やむを得ない場合においては、事後に）必要な事項を警察庁に連絡しなければならない（60条2項）ものとされている。

× (2) 派遣された警察官は、それまで帰属していた警察庁又は都道府県警察の職務上の指揮監督は受けないが、身分的には派遣元の身分であり、給与等も派遣元の警察庁又は都道府県警察の負担となる。

× (3) 警察法60条の2の規定には、「境界から政令で定める距離までの区域に限る。」という制約があるから、協議についても一定の範囲があるというべきである。つまり、原則として境界から15キロメートル以内とされ、境界をまたがるトンネル及び高速道路でその出入口（高速道路の場合は出口）が境界から15キロメートルを超える場合には、その出入口（又は出口）までの距離が限界とされている。

○ (4) 警護あるいは暴力団等の攻撃対象となっている者の保護又は自らの管轄区域内の犯罪捜査のうえで他の都道府県警察において捜査が必要であるときは、一般に警察法61条が根拠となっている。

× (5) 他の都道府県内で発生した犯罪の被疑者が自らの都道府県の区域内にいるときは、公共の安全と秩序の維持に当たるべき警察としては、その捜査が当然の任務となるから、本来の管轄区域内の権限の行使として当然行うべきものである。

(6)　警察官は、現行犯人の逮捕に関しては、管轄区域の如何を問わず、いかなる地域においても警察官としての職権を行使することができるが、逮捕の現場における捜索・差押は行うことはできない。

(7)　2以上の都道府県警察の管轄区域にわたる交通機関における移動警察については、関係する都道府県警察の協議により定めたところによって、その関係都道府県警察の管轄区域において、職権行使をすることができる。これは、列車・電車・船舶等における旅客等の生命、身体及び財産を保護し、公共の安全と秩序を維持することを目的とする警察活動であり、犯罪捜査に限らず、警乗も含まれる。

(8)　道路における警察活動については、関係都道府県警察が協議して定めたところにより、関係都道府県警察の管轄区域内で職権行使をすることができ、職権行使の距離についてこれを制約するものはない。

(9)　自らの管轄区域内で発生した交通法令違反者を追跡・捕捉するため、隣接する都道府県警察の管轄区域にまで及ぶ行為は、違反者の検挙という事実行為であり、法令上の根拠を必要としない。

(10)　警察官は、当該都道府県警察の管轄区域内で職権行使をするのが原則であるが、その例外としては、警察法60条に基づく援助要求、60条の2に基づく境界周辺における事案に関する権限、61条に基づく管轄区域外における権限、73条の緊急事態布告に伴い派遣された場合の4つの態様がある。

× (6)　警察法65条は、「警察官は、いかなる地域においても、刑事訴訟法第212条に規定する現行犯人の逮捕に関しては、警察官としての職権を行うことができる。」と規定しており、ここにいう「逮捕に関して」という意は、逮捕に密接に関連する事項を含むから、刑事訴訟法220条規定の逮捕の現場における捜索・差押を行うことができる。

○ (7)　警察法66条1項に、「警察官は、2以上の都道府県警察の管轄区域にわたる交通機関における移動警察については、関係都道府県警察の協議して定めたところにより、当該関係都道府県警察の管轄区域内において、職権を行うことができる。」と規定されていることにより、いわば職権行使の相互乗り入れができるのである。職権行使の事項、地域的範囲については、協定によりあらかじめ規定され、この協定の範囲を超えることが許されないことはいうまでもない。列車警乗は、これを根拠に行われている。

× (8)　無制限にできるのではなく、その距離は政令で規定されている。つまり、高速自動車国道及び自動車専用道路の場合は、境界からその道路上50キロメートルを超えない範囲で関係都道府県警察が協議して定めた距離までの区域、一般国道及び道路運送法による自動車道の場合は境界からその道路上4キロメートルまでの区域（関係都道府県警察が協議してこれ以下の距離としたときはそこまでの区域）において、職権行使し得るのである。したがって、一定の距離内で協議するものである（警察法66条2項、警察法施行令7条の3第2項）。

× (9)　交通法令違反者を追跡して、隣接する都道府県警察の管轄区域に乗り入れすることは、実務上も遭遇することであるが、これは交通法令違反者の捜査、あるいは必要により被疑者逮捕という自らの管轄区域内の公安の維持に必要な範囲で行うものであり、警察法61条が根拠となる。

× (10)　警察法に規定する管轄区域外の職権行使には、7つの態様があり、例示のほか平成8年6月に公布、施行された警察法の一部改正で60条の3（広域組織犯罪等に関する権限）が新設され、さらに警察法65条に基づく現行犯人に関する職権行使、66条に基づく移動警察等に関する職権行使が規定されている。

Q

　最近の犯罪は広域化の傾向がますます強まっているが、警察法上、管轄区域外での職権行使が認められているのはどのような場合か。

〔答案構成〕

1　原　則

　警察法64条は、管轄区域内における職権行使の原則を定めている。

　特定の場合に、管轄区域外での職権行使を認めなければ、警察の責務を果たすことが困難となる場合が生ずるため、管轄区域外での職権行使が認められている。

2　管轄区域外での職権行使が認められる場合

　(1)　他の都道府県公安委員会の援助要求によって派遣された警察官が、援助を要求した都道府県警察の管轄区域内で職権を行う場合

　　　都道府県公安委員会は、警察庁又は他の都道府県警察に対して援助の要求をすることができる。

　　　援助の要求により派遣された警察庁又は都道府県警察の警察官は、援助の要求をした都道府県公安委員会の管理する都道府県警察の管轄区域内において、当該都道府県公安委員会の管理の下に、職権を行使することができる（警察法60条）。

　(2)　都道府県警察の管轄区域の境界周辺における事案を処理するため、関係都道府県警察の協議により、他の都道府県警察の管轄区域内で職権を行う場合

　　　管轄区域が隣接し、又は近接する都道府県警察は、相互に協議して定めたところにより、社会的経済的一体性の程度、地理的状況等から判断して相互に権限を及ぼす必要があると認められる境界の周辺の区域（境界から政令で定める距離までの区域に限る）における事案を処理するため、

他の都道府県警察の管轄区域に権限を及ぼすことができる（警察法60条の2）。

　境界から政令で定める距離とは、原則として15キロメートルとされる。

(3)　広域組織犯罪等に関する権限を行使する場合

　都道府県警察は、広域組織犯罪等を処理するため、必要な限度において、その管轄区域外に権限を及ぼすことができる（警察法60条の3）。具体的には、オウム真理教関連事件のようなものが典型であり、全国の広範な区域にわたり活動拠点を有する組織等を背景として行われる1又は2以上の犯罪であって、全国の広範な区域において公安と秩序を害する、又はそのおそれのある犯罪である。

(4)　都道府県警察がその管轄区域内における公安の維持に関連して必要がある限度において、管轄区域外に職権を及ぼす場合

　都道府県警察は、居住者、滞在者その他のその管轄区域の関係者の生命、身体及び財産の保護並びにその管轄区域における犯罪の鎮圧及び捜査、被疑者の逮捕その他公安の維持に関連して必要がある限度においては、その管轄区域外にも、権限を及ぼすことができる（警察法61条）。その場合、その権限を及ぼす区域を管轄する他の都道府県警察と緊密な連絡を保たなければならない。

(5)　現行犯人の逮捕に関して、職権を行う場合

　警察官は、いかなる地域においても、現行犯人の逮捕に関しては、警察官としての職権を行うことができる（警察法65条）。

(6)　移動警察等について関係都道府県警察の協議により管轄区域外で職権を行う場合

　警察官は、2以上の都道府県警察の管轄区域にわたる交通機関における移動警察については、関係都道府県警察の協議して定めたところにより、当該関係都道府県警察の管轄区域において、職権を行うことができる。

　また、2以上の都道府県警察の管轄区域にわたる道路の政令で定める区域における交通の円滑と危険の防止を図る

ため必要があると認められる場合においては、同様の協議により当該道路の区域における事案について、当該関係都道府県警察の管轄区域内において、職権を行うことができる（警察法66条）。

政令では、高速自動車国道及び自動車専用道路は、都府県の境界から50キロメートルを超えない範囲内で関係都府県警察の協議して定めた距離までの区域、一般国道及び道路運送法による自動車道の場合は都府県の境界から4キロメートルまでの区域（協議によりこれ以下とした場合は、その距離までの区域）において、職権を行使できるとしている。

(7) 緊急事態の布告が発せられたとき、布告区域外の都道府県警察の警察官が、布告区域その他必要な区域に派遣された場合

内閣総理大臣による緊急事態の布告が発せられたとき、布告区域外の都道府県警察の警察官が、布告区域その他必要な区域に派遣された場合には、派遣された区域において職権行使ができる（警察法73条）。

4 警察活動の法的諸形式

組 立 て

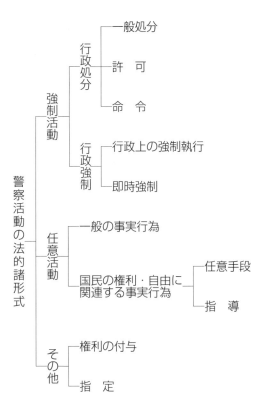

警察活動の法的諸形式
- 強制活動
  - 行政処分
    - 一般処分
    - 許 可
    - 命 令
  - 行政強制
    - 行政上の強制執行
    - 即時強制
- 任意活動
  - 一般の事実行為
  - 国民の権利・自由に関連する事実行為
    - 任意手段
    - 指 導
- その他
  - 権利の付与
  - 指 定

 要　点

① 強制活動と任意活動

警察活動は、国民の権利・自由を強制的に制限し、法的義務を課するもの（強制活動）とそうでないもの（任意活動）とがあるが、強制活動には法律の根拠が要求されるのに対して、任意活動は個々の法律の規定がなくとも警察法2条の範囲内で行うことができる。

警察官の職権行使の根拠となる法律には、一般国民を対象としたものと、特定の事業者のみを対象としたものとに分類することができる。

○　一般国民を対象としたもの

警察官職務執行法、刑事訴訟法、道路交通法、遺失物法、銃砲刀剣類所持等取締法等

○　特定の事業者のみを対象としたもの

風俗営業等の規制及び業務の適正化等に関する法律、質屋営業法、古物営業法、警備業法、危険時の警察官への届出や警察官の措置等を規定している火薬類取締法、高圧ガス保安法、精神保健福祉法等

② 強制活動

行政処分（行政行為）

法律の規定には、すべての人を対象に一律にある行為を禁止するといった内容のものと、特定の場合に行政機関が許可等の処分を行うことによって法的な義務の範囲が変わるものとがある。この法的な義務の範囲を変動させる行政機関の活動が行政処分（行政行為）というものである。

行政処分に当てはまる警察活動について考えてみると、以下のものがある。

○　ある行為を一般的には禁止するが、特定の場合には警察の判断で解除を認めるもの

○　一般的にはある特定の行為を自由に行うことができるが、特定の場合に限り警察の判断で禁止することができる

もの

行政処分は、法律の規定に基づいて行われるものであるから、その法律の規定に反する行政処分は許されない。

違法な行政処分による処分の相手方は、特別の規定がない限り、取消訴訟（行政事件訴訟法）でその取消を求めることができる。仮に違法な行政処分であっても、それが重大明白で無効とされる場合を除き、行政庁（警察）又は裁判所によって取り消されるまでは有効に存在するものとされる。

一般処分	対象を特定することなく、不特定多数の者に対して行われる場合で、公安委員会や警察署長の行う交通規制がこれに当たる。この処分は、他の行政処分と異なり、特定の者を対象とした処分ではないから、取消訴訟等の対象とはならない。
許可	許可は、特定の行為について、これを無制限に許容するならば、公共の利益を害すると考えられる場合に、一般的には禁止したうえで、特定の場合にこれを解除し、適法に行うことを可能とするものである。つまり、許可は、禁止を解除し、その行為・営業を自由に行うことができるとするにとどまるのであって、特権を付与したものではなく、この許可によって他の法令による制限までも解除するものではない。 例 風俗営業の許可、質屋営業の許可、道路使用の許可、銃砲刀剣類の所持許可、運転免許など
命令（下命）	命令（下命）とは、警察が国民に対して、一定の行為を行うこと又は行わないことを命じ、相手方に法的義務を負わせることをいう。 命令（下命）の効果は、命令を受けた者に当該命令の内容を履行すべき公的義務を負わせることである。 例 風俗営業者等に対する指示・営業停止命令、警備業者に対する指示・営業の停止命令、銃砲刀剣類所持者に対する立入検査・銃砲刀剣類の提出命令等

行政強制

行政機関がその行政目的を達成するために国民の身体、財産に直接有形力を行使することを行政強制といい、行政上の強制

	執行と即時強制とがあり、いずれも法律の具体的根拠が必要である。
行政上の強制執行	国民に課された義務を国民が履行しないときに、その義務の内容を強制的に実現するために行われるものであり、道路交通法に基づき、違法工作物の除去等について警察署長の命令に従わない場合に行われる代執行としての除去等がある。
即時強制	緊急の事態であってその義務を課す余裕のないときやその手段の性格上、行政機関が直接行うことが必要であるときに、その目的を達成するために行われるもので、最も基本となる法律が警察官職務執行法で、精神錯乱者等の保護、危険な事態における避難等の措置、犯罪の制止、危険な事態における土地・建物等への立入り、武器の使用がある。

3 任意活動

　警察は警察の責務（警察法2条）を果たすため、特に法律の根拠がなくとも、国民の権利・自由を制限せず、義務を課さない各種の活動を行うことができる。この活動は、直接に法的効果を生むものでないことから、事実行為とも呼ばれ、この事実行為には「一般の事実行為」と「国民の権利・自由に関連する事実行為」の2つの態様がある。

一般の事実行為
国民の権利・自由を侵す可能性が元々ない行為であり、地理案内、相談の受理、広報紙の発行、広報活動等がある。この中で、警察安全相談、広報活動での情報の提供などにおいては、関係者のプライバシーの権利を侵害しないような配意が必要となる。

国民の権利・自由に関連する事実行為
直接的には相手方の国民の権利・自由を制限し、義務を課すとはいえなくとも、国民に何らかの負担をかけ、その態様によっては事実上の強制にわたる危険性がある行為も存在する。これは国民の権利・自由に関連する事実行為ということができ、その行為の必要性、相当性に配意する必要がある。

任意手段	任意手段とは、相手方の承諾なく行えば、国民の権利・自由を制限するものであるが、相手方の承諾を得て行うものである。 　この手段については、直接の法的根拠は必要でないが、それを行うことができる場合を明確にするために、法律の規定を設けている場合がある。 　**例**　職務質問（警察官職務執行法2条）、迷い子等の保護（警察官職務執行法3条1項2号）など 　また、職務質問に伴い所持品検査を行う場合がある。相手方の承諾なくこれを行えば国民の権利・自由を制限するものであるが、相手方が承諾しているならば許されるものであり、承諾を求めるに当たり、説得を行うことも可能である。しかし、説得にも一定の限界が存しよう。つまり、説得がその域をこえて、事実上相手方の意思を拘束してしまうようなときは、もはや強制にわたり許されないのである。
指導	警察活動には、一定の行為を行うよう指導することもある。 　法律によって特に規定された指導には、相当程度強い説得を含むものも多いが、その他の場合には、その必要性と相当性を考慮して個別の事案で決することになろう。

4　その他

　警察活動は、強制活動と任意活動（事実行為）に分類できるが、その他に、法的権利あるいは特別の資格を特定の者に与えるという活動もある。

　例えば、犯罪の被害者等に対してその申請を基に給付金を受ける権利を取得させるものがそれであり、また、指定自動車教習所の指定や教習射撃場等の指定など特定の法人を指定し、行政機関の事務の一部を代わって行わせることや、その法人の活動に特別の法的効果を認めるという制度もある。

Q

次のうち、正しいものには○、誤っているものには×を記せ。

(1) 警察活動は、強制活動と任意活動に分けられるが、警察活動の性質上、強制活動及び任意活動とも、個別の法の規定がなければ行うことができない。

(2) 強制活動には、行政処分、行政強制が含まれる。行政処分には、一般処分・許可・命令があり、行政強制には、行政上の強制執行・即時強制がある。

(3) 警察の行う行政処分は、行政行為ともいわれ、法的な義務の範囲を変動させるもので、行政処分は法律の規定に基づいて行われるものであるから、その法律の規定に違反する処分は許されず、また、違法な行政処分は当然無効となる。

(4) 一般処分とは、対象とする者を特定することなく、不特定多数の者に対して行われるもので、公安委員会や警察署長の行う交通規制がこれに当たり、当然、行政処分の一種であるから取消訴訟等の対象となる。

(5) 許可は、特定の行為について、これを無制限にすれば公共の利益を害すると考えられる場合に、一般的には禁止したうえで、特定の場合にこれを解除し、適法に行うことを可能とするものである。許可には、申請者の能力等に着目する対人許可のみが行われている。

(6) 命令（下命）とは、警察が国民に対し、一定の行為を行うこと又は行わないことを命じ、相手方に法的義務を負わせることをいう。その効果は、命令を受けた者に命令の内容を履行すべき公的義務を負わせることである。

× (1) 強制活動は、法律に具体的に規定された場合に限られるが、それ以外の任意活動は、個々の法律の規定がなくとも、警察法2条の範囲内で行うことができる。

○ (2) 設問のとおり。

× (3) 行政処分は、法律の規定に基づいて行われるものであるから、その法律の規定に反する行政処分は許されない。違法な行政処分による処分の相手方は、特別の規定がない限り、審査請求（行政不服審査法）、又は取消訴訟（行政事件訴訟法）でその取消を求めることができる。もっとも、仮に違法な行政処分であっても、それが重大明白で無効とされる場合を除き、行政庁（警察）又は裁判所によって取り消されるまでは有効に存在するものとされる。

× (4) 一般処分は、特定の者を対象とした処分ではないから、取消訴訟等の対象とはならない。

× (5) 許可には、申請者の能力等に着目する対人許可と設備施設の構造等に着目する対物許可とがある。また、風俗営業の許可の場合のように、その両者の性質を併せて有している許可もある。

○ (6) 命令（下命）の効果は、命令を受けた者に命令の内容を履行すべき公的義務を負わせることであり、具体的には風俗営業者等に対する指示・営業停止命令、銃砲刀剣類所持者に対する立入検査・提出命令等がある。

(7)　行政強制とは、行政機関がその行政目的を達成するために国民の身体、財産に直接有形力を行使することをいい、行政上の強制執行と即時強制とがある。即時強制は国民に課された義務を国民が履行しないときに、その内容を強制的に実現するために行われるものであり、道路交通法に基づき、違法工作物の除去等について警察署長の命令に従わない場合に行われる代執行としての除去等がある。

(8)　警察は警察法2条の責務を果たすため、特に法律の根拠がなくとも、国民の権利・自由を制限せず、義務を課さない各種の活動、つまり任意活動を行うことができ、この活動は、直接に法的効果を生むものでないことから、事実行為とも呼ばれる。

(9)　国民の権利・自由の制限や義務づけでない警察の活動のうち、地理案内、相談の受理、広報紙の発行、広報活動等は、国民の権利・自由を侵す可能性が元々ない行為であり、これを実施することについて法的問題が生ずることは原則としてない。

(10)　直接的には相手方の国民の権利・自由を制限し、義務を課するとはいえなくとも、国民に何らかの負担をかけ、その態様によっては事実上の強制にわたる危険性がある行為も存在する。このような行為は、国民の権利・自由に関連する事実行為といわれるが、必ず法律の根拠が必要とされるから、任意活動ではなく、強制活動に含まれることになる。

× (7) 行政強制には、行政上の強制執行と即時強制とがある。即時強制とは、緊急の事態であってその義務を課す余裕のないときやその手段の性格上、行政機関が直接行うことが必要であるときに、その目的を達成するために行われるもので、警察官職務執行法に基づく精神錯乱者等の保護、危険な事態における避難等の措置、犯罪の制止、危険な事態における土地、建物等への立入り、武器の使用がある。本肢後半の説明は、行政上の強制執行である。

○ (8) 事実行為には、地理案内、迷い子の発見など、国民の権利・自由を侵す可能性が元々ない行為もあるが、直接的には相手方の国民の権利・自由を制限し、義務を課するとはいえなくとも、国民に何らかの負担をかけ、その態様によっては事実上の強制にわたる危険性がある行為も存する。

○ (9) 地理案内、相談の受理、広報紙の発行等は、国民の権利・自由を侵す可能性が元々ない行為であり、一般の事実行為ともいう。これを行うことについて法的問題が生ずることは原則としてない。このため、特に法律の規定が置かれないのが通常である。

× (10) 国民の権利・自由に関連する事実行為については、行為の必要性と相当性とが問題とされ、任意手段と指導とがある。とりわけ、任意手段はそれを行うことができる場合を明確にするため、警察官職務執行法における職務質問や迷い子等の保護のように法律の規定が設けられている。このようなことから、国民の権利・自由に関連する事実行為は強制活動ではなく、任意活動である。

Q

　警察活動には、地理案内、相談の受理、広報活動等国民
の利便に資するもので、国民の権利・自由を制限しない活
動があるが、これらはどのような活動と理解すればよいか
説明せよ。
　また、個人の尊重の原理から生ずる警察活動の制約につ
いても述べよ。

〔答案構成〕

1　はじめに

　警察は、その責務（警察法2条）を果たすため、特に法律の
根拠がなくとも、国民の権利・自由を制限せず、義務を課さな
い各種の活動を行うことができ、実際の警察活動においても、
設問のような地理案内、相談の受理、広報活動等国民の利便に
資する活動が大半を占めている。

　これらは、直接に法的効果を生むものでないことから、事実
行為と呼ばれる。

2　一般の事実行為

　事実行為は、相手方国民の権利・自由の制限や義務付けにわ
たる可能性のない行為であり、これを実施することについて法
的な問題が生ずることは一般にないといえる。

　より具体的にいえば、設問のような地理案内、相談の受理、
広報活動のほか、監視警戒、ミニ広報紙の発行など多くの活動
が日常行われているが、相手方国民の権利・自由の制限や義務
付けにわたる可能性のない行為であるから、特に法律の規定が
置かれないのが通常である。

　なお、相談の受理は、その内容も多種多様なものがあり、相
談者に助言や関係機関の紹介等を行うことは何ら問題の存しな
いところであるが、その範囲を超えて債務の取立て等のため相
手方以外の者に対する忠告を行ったり、指導するというような
行為は、相手方の権利等を制限し、義務を課したと解され、警

察の責務を逸脱した不当なものとされよう。

　また、相談の受理、広報活動における情報の提供などにおいては、関係者のプライバシーを侵害しないような配意が必要である。

　したがって、事実行為を行う場合、絶えず警察の責務との関連に配意する必要があるといえる。

3　国民の権利・自由に関連する事実行為

　直接的には相手方の国民の権利・自由を制限し、義務を課するとはいえなくとも、国民に何らかの負担をかけ、その態様によっては事実上の強制にわたる危険性がある行為も存在するが、これを国民の権利・自由に関連する事実行為という。

　これには、相手方の承諾なく行えば国民の権利・自由を制限する行為を相手方の承諾を得て行う任意手段がある。この任意手段については、直接の法的根拠は必要でないが、それを行うことができる場合を明確にするために、職務質問や迷い子等の保護などのように法律の規定を設けている場合がある。

　さらに、警察活動上、一定の行為を行うように求めるものがあり、これを指導という。相手方がこの指導に応ずるべき法的義務を負うのではなく、あくまで事実行為であるから、それを行う必要性と態様の相当性が求められる。ちなみに、運転免許証の提示を求めることは、特定の事由（道路交通法95条）の場合以外は、一般的に指導として行われている。

　法律によって特に規定された指導には、相当程度強い説得を含むものも多いが、その他の場合には、その必要性と相当性を考慮して個別の事案で決することになろう。

4　個人の尊重の原理から生ずる警察活動の制約

(1)　私生活の不可侵

　純然たる個人の私生活、つまり、その影響が本人にのみ関係し、他の人、社会に影響を与えないような個人の生活行動に対し、警察が干渉することは許されない。個人の尊厳を重んじ、自由とプライバシーを尊重することから、このことが求められる。

　「純然たる個人の私生活」ではなくとも、私的生活の領域については、特に公益上の必要性が高いと考えられる場

合にのみ警察の活動の対象とするのが原則である。通常、その影響が本人にのみ関係することが多いような個人の生活行動については、利益衡量においても、私的生活の尊重に配慮しなければならない。通常であれば警察の活動の対象となるような場合であっても、法律が明確に特別の規定を置いているか、社会への影響が大きいと考えられるような事情のあるようなものでなければ、警察の活動の対象とすべきでない。

(2) 私住居の不可侵

　私住居（住宅等の特定の人が利用し、管理している場所）については、公衆の自由に出入りする場所に関する警察活動と異なり、そこに警察官が立ち入ることが制限され、その内部での事案に警察が介入することは控える必要がある。

　刑事訴追のための手続においては、日本国憲法によって住居の不可侵が認められ、犯人を逮捕する場合のほかは裁判官の令状が必要とされている。それ以外の場合であっても、この憲法の規定が直接適用されるわけではないが、住居の不可侵は最大限守るべきものとされ、強制的に立ち入ることは、警察官職務執行法6条1項等の場合に限られる。もとより、相手方の承諾を得て立ち入ることは、これ以外でも可能ではあるが、私的場所への立入りの必要性が高くないときや、態様が不相当であるときは、たとえ承諾を得ていても許されない場合がある。

5 即時強制

組立て

即時強制

— 意　義

　　国民の身体又は財産に直接実力を行使し、行政目的を
　　達成しようとするもの。

— 要　件

　　生命・身体・財産の保護の上で緊急の必要があり、そ
　　れを行うだけの高い公益性がある場合に限る。

— 警察の即時強制権限（主なもの）

　　○　警察官職務執行法
　　　　　　　　　　　— 精神錯乱者等の保護
　　　　　　　　　　　— 危険な事態における避難等の措置
　　　　　　　　　　　　の実施
　　　　　　　　　　　— 犯罪の制止
　　　　　　　　　　　— 危険時の立入り
　　　　　　　　　　　— 武器の使用

　　○　道路交通法
　　　　　　　　　　　— 現場に運転者のいない場合の違法
　　　　　　　　　　　　駐車車両の移動
　　　　　　　　　　　— 交通の危険の防止・交通妨害の排
　　　　　　　　　　　　除のための工作物等の除去

　　○　銃砲刀剣類所持等取締法 — 銃砲刀剣類等の一時保管

　　○　酩酊者規制法 — 酩酊者の保護、犯罪の制止

— 限　界

　　必要な限度を超えた有形力の行使は許されない。

1 意　義

行政機関が、国民の義務とは無関係に、国民の身体又は財産に直接実力を行使し、行政目的を達成しようとするもの。

2 要　件

国民の生命・身体・財産の保護の上で緊急の必要がある場合など、それを行うだけの高い公益性がある場合に限って認められる。

3 警察の即時強制権限（主なもの）

警察官職務執行法	・精神錯乱者等の保護（3条1項1号） ・危険な事態における避難等の措置の実施（4条） ・犯罪の制止（5条） ・危険時の立入り（6条1項） ・武器の使用（7条）
道路交通法	・現場に運転者のいない場合の違法駐車車両の移動（51条3項、5項） ・道路における交通の危険の防止・交通妨害の排除のための工作物等の除去（83条）
銃砲刀剣類所持等取締法	・銃砲刀剣類等の一時保管（24条の2。なお、提出させる行為は即時強制ではない。）
酩酊者規制法	・酩酊者の保護、酩酊者の犯罪の制止（3条、5条）

4 限　界

その根拠規定の定めるところによるが、必要な限度を超えた有形力の行使は許されない。

5 令状主義との関係

　憲法33条、35条では、刑事手続における身体の拘束や住居等への立入り・捜索・差押え等について、司法官憲の令状を要求しており、これが即時強制にも適用されるかが問題となる。

　これらの規定は、行政手続には、適用がないとする説も過去にはあったが、今日では、刑事責任の追及を目的としていない場合であっても、実質上刑事責任の追及にかかわる手続であって、物理的強制又はそれと同視できる程度の強制については、適用があると解されている（「川崎民商事件」最判昭47.11.22）。

　これに対し、刑事責任の追及と全く関係のない手続については、これらの規定の適用の対象とはならない。警察官職務執行法等に基づく警察の即時強制については、いずれも刑事責任追及にかかわるものではなく、憲法のこれらの規定の対象とはならない。

　したがって、刑事責任の追及と関係のないこれらの即時強制の権限を、刑事責任追及のために用いることはできない。

6 即時強制と行政調査

　行政調査とは、許可業者の監督や税務行政上の目的で、質問・検査等の手段で必要な資料を収集すること。

　即時強制と異なり、相手方に応諾義務を課するだけで、直接に国民の身体・財産に強制を加えるものではない。

参考判例

警職法による即時強制　　東京高判昭55.9.22
挙動不審者を警察署に任意同行し、事情聴取中、いきなり、覚醒剤または劇薬入りと疑われる小袋を呑み込もうとした者の身体を押えつけ、ありあわせの手錠でその口を開き、後に覚醒剤入りと判明した小袋を取り出した警察官の実力行使は、適法である。

Q

次のうち、正しいものには〇、誤っているものには×を記せ。

(1) 即時強制は、国民の義務の不履行を前提とするものであり、その不履行を前提として発動される。

(2) 即時強制は行政強制の一態様であり、行政強制には即時強制のほかに、行政上の強制執行がある。

(3) 警察の責務を果たすうえで即時強制を行う必要があるが、その根拠法令は警察法である。

(4) 警察官職務執行法における即時強制の具体的規定は、精神錯乱者等の保護（3条1項1号）、危険な事態における措置（4条1項）、犯罪の制止（5条）、立入り（6条）及び武器の使用（7条）がある。

(5) 即時強制は、国民の身体・財産に対する実力の行使であり、憲法の令状主義に服することになる。

×｜(1)　即時強制は、国民の義務の不履行を前提としないで国民の身体・財産に直接実力を行使するものであることから、一般的に許容されるものではなく、国民の生命・身体・財産の保護のうえで緊急の必要がある場合など、それを行うだけの高い公益性がある場合に限って認められる。

○｜(2)　行政強制には、国民に課された義務を国民が履行しないときに、その義務の内容を強制的に実現するために行われる行政上の強制執行と、緊急の事態であってその義務を課すゆとりのないときやその手段の性格上行政機関が直接行うことが必要であるときに、その目的を達成するために行われる即時強制とがある。

×｜(3)　根拠法令としては警察官職務執行法、道路交通法、銃砲刀剣類所持等取締法等がある。

×｜(4)　警察官職務執行法の立入りは、危険な事態が発生した場合の立入り（6条1項）と公開の場所への立入り（6条2項）があるが、前者は即時強制を明らかにしたものであるが、後者については、興行場、旅館等多数の客が来集する場所について、犯罪の予防又は人の生命、身体若しくは財産に対する危害予防のため公開時間中に立ち入ることを認めたものであり、即時強制には当たらない。

×｜(5)　判例（「川崎民商事件判決」最判昭47.11.22）は、「憲法35条1項の規定は、本来、主として刑事責任追及の手続における強制について、それが司法権による事前の抑制の下におかれるべきことを保障した趣旨であるが、当該手続が刑事責任を追及することを目的とするものでないとの理由のみで、その手続における一切の強制が当然に右規定による保障の枠外にあると判断することは相当でない」と判示しつつも、適用されることもあるという含みを残している。

(6) 許可業者の監督や税務行政上の行政調査権は、即時強制の範ちゅうに含まれるものである。

(7) 即時強制は、緊急時に必要とされる場合が多いため、個々の警察官などの権限とされており、行政機関の長の権限とはされていない。

(8) 違法な即時強制によって国民に損害を与えた場合には、国等が賠償責任を負うが、これに対して、適法な即時強制の場合には、それによって損失が生じても、損失補償の対象とはされないのが通常である。

(9) 即時強制の際にとり得べき有形力の行使の限度については、特に制限がないと解されている。

(10) 即時強制であれば、抵抗を排除してでも強制的に立ち入ることなどができるが、単に相手方に警察官の立入り等の応諾義務を課したにすぎない場合には、強制的に立ち入ることはできない。

× (6) 行政調査権は即時強制と異なり、相手方に応諾義務を課する
だけであり、直接に国民の身体・財産に強制を加えるものでは
ない。この点、法律に立入り権や検査権が規定されている場合、
即時強制か、それとも単なる行政調査権を認めたものかの問題
がある。個々の規定がいずれかであるかは、結局はその法律（条
文）の趣旨によって決まることになる。一般的には即時強制を
行わなければならない緊急性があると考えられるもの以外は、
単に応諾義務を課したものと解されよう。

○ (7) 即時強制は、緊急時に必要とされる場合が多いため、個々の
警察官などの権限とされており、行政機関の長の権限とはされ
ていない。

○ (8) 適法な即時強制の場合には、それによって損失が生じても、
損失補償の対象とはされていないのが通常であるが、特に法律
で補償することと定めている場合もある。例えば、消防機関が
消火等のために行った即時強制による損失については、一定の
場合に補償することが規定されている（消防法29条3項）。

× (9) 即時強制としてとり得べき手段は、その根拠規定の定めると
ころによるが、必要な限度を超えた有形力の行使は許されない。

○ (10) 具体的には警察官職務執行法6条1項の危険時の立入りは即
時強制に当たるが、質屋・古物商等への立入りは応諾義務を課
したものであると解され、即時強制には当たらない。

> **Q**
>
> 警察官職務執行法に規定する即時強制の手段を三つあげ
> て説明しなさい。

〔答案構成〕

1 はじめに

行政機関が、事前に国民に義務を課すことなく、国民の身体
又は財産に直接有形力を行使するのが即時強制であり、それは
緊急を要し事前に義務を課す余裕のないとき、又は事柄の性質
上行政機関が直接に行動することが必要なものであるときに行
われる。

警察官にとって、これらを規定した法律の主要なものが警察
官職務執行法であり、同法では、精神錯乱者等の保護（3条1
項）、危険な事態における避難等の措置（4条）、犯罪の制止（5
条）、危険な事態における土地・建物等への立入り（6条1項）、
武器の使用（7条）について即時強制手段を規定している。

そこで、犯罪の制止、危険な事態における土地・建物等への
立入り、武器の使用の三つを取り上げて説明を加える。

2 犯罪の制止（5条）

警察官は、犯罪がまさに行われようとするのを認めたときは、
その予防のため関係者に必要な警告を発し、また、もしその行
為により人の生命若しくは身体に危険が及び、又は財産に重大
な損害を受けるおそれがあって、急を要する場合においては、
その行為を制止することができる（5条）。

警察は、個人の生命、身体及び財産の保護に任じ、犯罪の予
防、鎮圧及び捜査、被疑者の逮捕、交通の取締りその他公共の
安全と秩序の維持に当たることをもってその責務とする（警察
法2条1項）とされていることから、犯罪の発生を未然に防止
することは、警察の重要な責務の一つである。

制止ができるのは、犯罪がまさに行われようとするとき、そ
の行為により人の生命・身体に危険が及び、又は財産に重大な

損害を受けるおそれがあって急を要するときである。

　この制止は、どの犯罪に対しても行うことができるのではなく、その行為により人の生命・身体に危険が及び、又は財産に重大な損害を受けるおそれがあるときである。

　人の生命・身体に危険が及び、又は財産に重大な損害を受けるおそれがある場合というのは、殺人、強盗、傷害、暴行等がその典型である。

　この場合、「急を要する場合」に限られるから、客観的にみて事態が切迫し制止しなければ犯罪行為が行われてしまうという状態であり、この制止行為は、強制手段として行うことができ、相手方に受忍する義務を負わせるものであり、その手段、方法は、その具体的な事態に応じて、犯罪の防止に必要な限度で、社会的に相当と認められるものでなければならない。

　具体的な手段としては、犯罪を行おうとする者に対する、警察官による抱き止め、一時押さえ及び凶器等の取上げ等がある。

3　危険な事態における土地・建物等への立入り（6条1項）

　6条の立入りは、4条（避難等の措置）及び5条（犯罪の予防・制止）に該当する危険な事態が発生した場合にとることのできる「危険時の立入り」（1項）と、直接に危険な状態は発生していないが、犯罪の予防等の観点からの「公開の場所への立入り」（2項）がある。

　即時強制の対象となるのは、危険な事態における土地・建物等への立入り（6条1項）の場合である。

　「危険時の立入り」とは、4条及び5条の危険な事態において、人の生命、身体又は財産に危険が及ぶ事態が発生し、その危害が切迫した場合において、危害予防、損害の拡大防止及び被害者の救助のため、やむを得ないと認めるときに、合理的に必要と判断される限度において他人の建物（土地・船車）に立ち入ることができるというものである。

　この「危険時の立入り」は、要件のとおり急を要する場合に限られ、客観的にみて事態が切迫し、これを制止しなければ犯罪行為が行われてしまうという状態において即時強制の手段として認められるものである。

4　武器の使用（7条）

　警察官は、犯人の逮捕若しくは逃走の防止、自己若しくは他人に対する防護又は公務執行に対する抵抗の抑止のため必要であると認める相当な理由のある場合において、その事態に応じ合理的に必要と判断される限度で、即時強制の手段として武器を使用することができる。ただし、刑法36条（正当防衛）若しくは同法37条（緊急避難）に該当する場合又は次に該当する場合を除いては、人に危害を与えてはならないとされている。

　　○　死刑又は無期若しくは長期3年以上の懲役若しくは禁錮にあたる凶悪な罪を現に犯し、若しくは既に犯したと疑うに足りる充分な理由のある者が、その者に対する警察官の職務の執行に対して抵抗し、若しくは逃亡しようとするとき、又は第三者がその者を逃がそうとして警察官に抵抗するとき、これを防ぎ、又は逮捕するために他に手段がないと警察官において信ずるに足りる相当な理由のある場合。

　　○　逮捕状により逮捕する際又は勾引状若しくは勾留状を執行する際、その本人がその者に対する警察官の職務の執行に対して抵抗し、若しくは逃亡しようとするとき、又は第三者がその者を逃がそうとして警察官に抵抗するとき、これを防ぎ、又は逮捕するために他に手段がないと警察官において信ずるに足りる相当な理由のある場合。

　つまりこれを、拳銃の使用に当てはめれば、前段部分は人に危害を与えない使用、例えば、拳銃を構え、あるいは威嚇発射すること、ただし書き部分以降は正当防衛等極めて限定された場合において、人に危害を与える使用（危険発生許容要件、相手に向かって発射する）を規定しているのである。

　これらの使用は、厳格に要件が規定されているから、必要な限度を超えた武器の使用が許容されないことはもちろんである。

6 警察活動上の原理

組 立 て

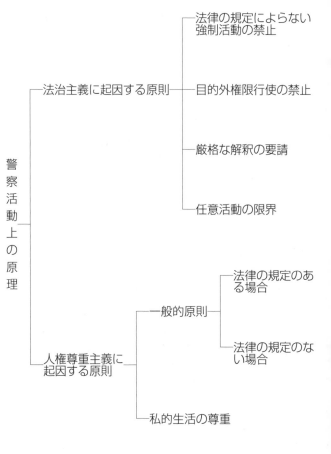

```
                          ┌─ 法律の規定によらない
                          │   強制活動の禁止
                          │
            ┌─ 法治主義に起因する原則 ─┼─ 目的外権限行使の禁止
            │             │
            │             ├─ 厳格な解釈の要請
警                        │
察                        └─ 任意活動の限界
活
動
上
の
原
理                        ┌─ 法律の規定のあ
            │             │   る場合
            │      ┌─ 一般的原則 ─┤
            │      │        └─ 法律の規定のな
            └─ 人権尊重主義に ─┤          い場合
               起因する原則    │
                          └─ 私的生活の尊重
```

1 法治主義に起因する原則

　国民の権利・自由を制限し、義務を課す活動、つまり強制活動は、すべて法律の根拠に基づかなければならないことはいうまでもない。この法治主義の原理から次の考えを導くことができる。

法律の規定によらない強制活動の禁止

　法律の規定によらない強制活動は、禁止される。これはたとえ、緊急事態等で強制活動を行う必要性が高いと考えられる場合であっても同様であり、あくまで個々の規定の範囲内でのみ強制活動を行うことができるのにとどまるのである。

　ただし、正当防衛又は緊急避難に当たる場合には、それに必要な限度で国民の権利・自由を制限することは、個々の法律の具体的規定がなくとも許されることがある。また、国民の権利・自由を制限する手段を行使することができる規定がある場合に、その手段より国民の権利・自由を制限する程度の低い他の手段を行使することは、当然認められる。

目的外権限行使の禁止

　個々の法律によって警察に権限が与えられているが、それは、警察の責務（個人の生命、身体及び財産の保護と公共の安全と秩序の維持）達成という目的のために設けられているものであるから、その目的以外に行使することは許されない。

　また、警察の責務の中でも、そのうち特定の目的のために法律の規定が設けられている場合は、その特定の目的実現のために行使するものであり、他の目的のために権限を行使してはならない。例えば、犯罪の防止等という一定の行政目的を果たすための規定を、犯罪捜査のために用いることは許されない。

　この点、行政法規は、その旨を明らかにしているものが多い。
- ○　風俗営業等の規制及び業務の適正化等に関する法律37条4項
- ○　銃砲刀剣類所持等取締法10条の6第5項
- ○　火薬類取締法43条5項

厳格な解釈の要請

　個々の法律の解釈はその立法趣旨に照らして、厳格になされなければならない。

　法律に「必要があるときは」と規定されているときでも、その場の警察官の主観的な判断を認めたものと解すべきではなく、一定の事実関係を前提にして、客観的にその必要性が認められる状況がなければならない。このことは、「やむを得ないと認められるとき」とか、「信ずるに足りる相当の理由のある」といった規定のある場合も同様である。

任意活動の限界

　警察は、警察の責務の範囲内であるならば、個々の法律の規定はなくとも任意活動（地理案内・相談の受理・広報活動等一般の事実行為）を行うことができるが、そのうち国民の権利・自由に係る行為は、相手方の承諾を得た場合に限り行うことができる。しかし、相手の承諾を得たとしても、通常人なら承諾をするとは考えられないような態様や社会的相当性に欠けるような場合は、強制活動と認められる場合が存することになる。

２　人権尊重主義に起因する原則

一般的原則

法律の規定のある場合	法律の規定に基づき警察活動を行う場合であっても、無制限に権限行使をできるというものではない。 ○　必要性のない権限行使の禁止 　法律の規定がある場合、その要件を満たし、その規定に基づく権限を行使できるとしても、実質的にみて、その権限行使をする必要性がないか、あっても極めて乏しいような場合には、国民の権利・自由を最大限尊重しなければならないという憲法の立場からして、権限行使は許容されないというべきである。 ○　人権制限の程度の低い手段の選択 　法律の個々の規定で、複数の手段を選択することができるとされている場合、その事態を解決する手段の中で最も人権の制限の程度の低い手段が認められるときは、その手段を選択することが求められる。

	○　実力行使の限界
	実力の行使は、法律が強制活動を行うことを認めている場合に限られ、その規定の要件を満たし、かつ、目的達成上、必要最小限度でなければならない。
	なお、任意活動であっても、その必要性が高く、かつ、その態様が全体として強制にわたることなく、あくまで任意活動の範囲内と解されるとき、社会通念上相当と認められる一定限度での実力の行使を行うことが許されると解され、判例もこれを肯定する。例えば、職務質問の停止に応じない者に対して、相手方の肩・腕に手をかけて翻意を求める行為などである。
	しかし、これは一般的、普遍的に許容されたものではないことは、当然である。
法律の規定のない場合	法律の規定がない場合は、国民の権利・自由を制限し、義務を課す活動を行うことはできない。 　また国民の権利・自由を制限しなくとも、国民に何らかの負担をかける可能性のある活動を行う場合は、任意活動として警察の責務を達成するため、公益性が肯定されその行為を行う必要性があり、かつその目的達成上の最小限度の範囲に限られるということ、また国民に与える不利益の程度と公益とを比較衡量し、国民の不利益を上回る公益の存在が肯定されることが認められ、さらにその行為自体の態様として社会通念上相当性があると評価されるものについては、許容される場合がある。

私的生活の尊重

　個人の尊厳を重視し、私的自由を尊重することは、基本的人権の尊重の中の基本となるものである。このことから、既述した一般的原則のほか、「私生活の不可侵」「私住所（住宅等の特定の人が利用し、管理している場所）の不可侵」「民事上の法律関係不介入」（ただし、それが民事上の法律関係であると同時に公共の安全と秩序の維持に関連するものとなる場合には、警察の活動の対象とすることができる。）について考慮する必要がある。

参考判例

警察の責務が認められた事例　秋田地判平17.7.19

　被告人が、キャッシュカードの再発行手続をめぐって銀行支店内において怒声を発するなどし、銀行からの通報を受け臨場した警察官から任意同行を求められた際、同警察官に暴行を加えたという公務執行妨害及び傷害の事案で、警察官が同支店駐車場において任意同行を求めたことは警職法2条2項の要件を満たさないが、被告人をそのまま放置すれば同支店の業務妨害等の犯罪に発展するおそれなしとしない状況で、同警察官が被告人の態度の沈静化、犯罪発生の防止などを目的として警察署への任意同行を求めることは、その必要性があったともいい難いが、警職法2条2項の要件に該当しない場合に行政警察活動としての任意同行が一切許されないと解すべき理由はない。すなわち、警察法2条1項は、警察の責務として、個人の生命、身体及び財産の保護、犯罪の予防、鎮圧を掲げており、これらの責務を全うするために必要な警察の諸活動は、強制力を伴わない任意手段による限り、一般的に許容されるものと解され、これらの諸活動の一環として任意同行が許容される場合もあり得るというべきである。

練習問題

Q

次のうち、正しいものには○、誤っているものには×を記せ。

(1) 警察を含めた行政機関の活動は、法律の規定に基づき行う場合には、行使上の限界はないと解されているので、特に意識する必要はない。

(2) 法律の規定によらない強制活動は、当然禁止されるが、緊急事態等で強制活動を行う必要性が高いと考えられる場合には、例外的に認められることがある。

(3) 国民の権利・自由を制限する手段を行使することができる規定がある場合に、その手段より国民の権利・自由を制限する程度の低い他の手段を選択することは認められている。

(4) 警察官は、個人の生命、身体及び財産の保護と公共の安全と秩序の維持を図るという警察責務を果たすために活動を行っているものであるが、公益上必要があれば、その目的以外に行使することもできる。

(5) 警察官の活動が犯罪の防止等という一定の行政目的を果たす上で必要があれば、その行政上の法令の根拠規定は、警察責務の範疇にある限り、犯罪捜査のためにその規定を用いることもできる。

(6) 警察活動は、警察の責務の範囲内であるならば、個々の法律の規定はなくとも任意活動として行うことができるものがあり、そのうち国民の権利・自由に係る行為は、相手方の承諾を得たならば、自由に行うことができる。

解　答

× (1) 警察を含めた行政機関の活動は、法律の規定に基づき行う場合であっても、特に国民の権利・自由を制約し、あるいは国民に何らかの不利益を与える活動については、一定の限界が存しているから、これを超えて権限を行使することは許されない。これは、憲法の法治主義と基本的人権尊重主義の原理から導かれる要請である。

× (2) 緊急事態等で強制活動を行う必要性が高いと考えられる場合であっても同様であり、あくまで個々の規定の範囲内でのみ強制活動を行うことができるのである。

○ (3) 例えば、現行犯として逮捕することが可能な場合に、逮捕することなく、犯行を制止するにとどめることは認められる。

× (4) 個々の法律によって警察に権限が与えられているが、それは、警察の責務の達成という目的のために設けられているものであるから、その目的以外に行使することは許されない。

× (5) 警察責務を果たす上で、特定の目的のために法律の規定が設けられている場合は、その特定の目的実現のために行使するものであり、他の目的のために権限を行使してはならない。

× (6) 警察の責務の範囲内で、地理案内・相談の受理・広報活動等一般の事実行為は個々の法律の規定はなくとも任意活動として行うことができるが、そのうち国民の権利・自由に係る行為は、相手方の承諾を得た場合に限り行うことができる。しかし、相手の承諾を得たとしても、任意の捜索や承諾留置等通常人なら承諾をするとは考えられないようなもの、社会的相当性に欠けるようなものは、許されない。

(7) 警察活動上の実力の行使は、法律が強制活動を行うことを認めている場合、要件を満たし、かつ目的達成上、必要最小限度でなければならない。また、任意活動であっても、その必要性が高く、かつ、その態様が全体として強制にわたることなく、社会通念上相当と認められる一定限度での実力行使を行うことが許され、判例もこれを肯定する。

(8) 法律の規定がない場合は、強制活動ができないことは当然である。また、国民の権利・自由を制限しなくとも、国民に何らかの負担をかける可能性のある活動を行う場合は、警察の責務を果たすため、その行為を行う必要性、目的達成上の最小限度の範囲で、法益の衡量、社会通念上相当性等を考慮し、強制にわたらない範囲で一定の行為を行うことができるものがある。

(9) 私的自由を尊重することは、基本的人権の尊重の基本となるものである。このことから、「私生活の不可侵」「私住所の不可侵」「民事上の法律関係不介入」について考慮する必要がある。

(10) 民事上の法律関係である以上、警察の活動の対象となる余地はない。

○ (7) 実力の行使は、法律が強制活動を行うことを認めている場合に限られ、その規定の要件を満たし、かつ、目的達成上、必要最小限度でなければならないことは当然である。ただ、任意活動であっても、必要性が高く、かつその態様が全体として強制にわたることなく、社会通念上相当性の認められる範囲での一定限度の実力行使が許容されることがある。しかし、これが一般的、普遍的に許容されるものではないことはいうまでもない。

○ (8) 例えば、職務質問の過程で行う所持品検査は、明文の規定はないが、職務質問に付随するものとして認められる。相手の承諾がない所持品検査の許容限度について、判例は一定の場合（限定的な場合において、所持品検査の必要性、緊急性、これによって害される個人の法益と保護されるべき公共の利益との権衡などを考慮し、具体的状況のもとで相当と認められる限度において）にのみ、許容されるとしている。

○ (9) 設問のとおりである。

× (10) 民事上の法律関係であると同時に公共の安全と秩序の維持に関連するものであれば、警察活動の対象となる。

論文対策

Q

　警察活動は、国民の権利・自由を制約したり、あるいは国民の権利・自由を制約しないまでも、国民に何らかの負担をかける可能性のある活動、全く義務を課さない活動など様々な態様があるが、これら警察活動上の原理には、どのようなものがあるか説明せよ。

〔答案構成〕

　警察活動上の原理には、次のとおり憲法の法治主義と基本的人権尊重主義に起因する原則がある。

1　法治主義に起因する原則

　国民の権利・自由を制限し、義務を課す活動（強制活動）は、すべて法律の根拠に基づかなければならず、法治主義の原理から次の考えが派生する。

(1)　法律の規定によらない強制活動の禁止

　　法律の規定によらない強制活動は禁止され、たとえ緊急事態等で強制活動を行う必要性が高い場合であっても同様で、あくまで個々の規定の範囲内でのみ強制活動を行うことができる。

(2)　目的外権限行使の禁止

　　警察活動は、警察の責務達成のためその範囲で認められるものであり、その目的以外に行使することは許されない。

　　また、特定の目的実現のため法律の規定が設けられている場合、その特定の目的実現のために行使するものであり、警察責務の範囲であっても、他の目的のために権限を行使してはならない。

　　例えば、犯罪の防止等の行政目的という法の趣旨にもかかわらず、これを犯罪捜査のために用いることはできない。

　　この点、行政法規でその旨を明らかにしているものがある。例えば、風俗営業等の規制及び業務の適正化等に関する法律37条では警察職員の立入り規定を設けているが、「第

２項の規定による権限は、犯罪捜査のために認められたものと解してはならない。」（同条４項）と規定し、そのことを明らかにしている。

(3) 厳格な解釈の要請

個々の法律の解釈はその立法趣旨に照らして、厳格になされる必要があり、法律に「必要があるときは」、「やむを得ないと認められるとき」、「信ずるに足りる相当の理由のある」等と規定されているが、これらは事実関係を前提にして、客観的、厳格になされる必要がある。

(4) 任意活動の限界

警察活動は、警察の責務の範囲内で、個々の法律の規定はなくとも任意活動として、地理案内・相談の受理・広報活動等を行うことができる。また、国民の権利・自由に係る行為であっても、相手方の承諾を得た場合には行うことができるが、この場合は、通常人の承諾として考えられないような態様、社会的相当性に欠けるものは許容されない。

2 人権尊重主義に起因する原則

個人の尊厳を確保することは、憲法の究極の価値であり、強制活動にも一定の制約があると解される。

(1) 一般的原則

ア 法律の規定に基づき警察活動を行う場合

○ 必要性のない権限行使の禁止

法律の規定がある場合、形式的な要件を満たしていても、実質的にみてその必要性がないような場合、そのような権限行使は許容されないというべきである。

○ 人権制限の程度の低い手段の選択

複数の手段を選択することができる場合、その手段の中で最も人権の制限の程度の低い手段があるときは、その手段を選択することが求められ、具体的にどのような措置をとるかは、その事態に即して合理的かつ、相当性の範囲において首肯できるものでなければならない。

○ 実力行使の限界

警察活動において、実力の行使を行うことが少なく

ないが、その場合、その規定の要件を満たし、かつ、目的達成上、必要最小限度でなければならない。

任意活動の場合、あくまで任意活動の範囲内で、社会通念上相当と認められる一定限度での実力の行使を行うことが許されると解されている。例えば職務質問において停止を求める場合、停止に応じない者に対し、相手方の肩・腕に手をかけて翻意を求める行為などであり、一般的普遍的に許されるものではないが、一定の事実関係を前提として、判例は肯定する。

イ　法律の規定のない場合

法律の規定がない場合は、国民の権利・自由を制限し、義務を課すという活動を行うことはできないことはいうまでもない。

ただし、国民の権利・自由を制限しないが、何らかの負担をかける可能性のある活動を行う場合、警察責務達成上、最小限度の範囲であり、必要性が高く、国民に与える不利益の程度と公益とを比較衡量し、前者を上回る公益の存在が肯定され、相当性がある場合は、許容される余地がある。

この点、所持人の承諾がない所持品検査の許容限度について、判例は、所持人の承諾のない限り所持品検査は一切許されないと解するのは相当でなく、捜索に至らない程度の行為は、強制にわたらない限り、所持品検査においても許容される場合があると解すべきであり、限定的な場合において、所持品検査の必要性、緊急性、これによって害される個人の法益と保護されるべき公共の利益との権衡などを考慮し、具体的状況のもとで相当と認められる限度においてのみ、許容されるものと解するとしている。

(2)　個人の尊重の原理から生ずる制約

ア　私生活の不可侵

「純然たる個人の私生活」ではなくとも、私的生活の領域については、特に公益上の必要性が高いと考えられる場合にのみ警察の活動の対象とするのが原則である。

通常、その影響が本人にのみ関係することが多いような個人の生活行動については、利益衡量においても、私的生活の尊重に配慮しなければならない。

イ　私住居の不可侵

　　刑事訴追のための手続においては、日本国憲法によって住居の不可侵が認められ、犯人を逮捕する場合のほかは裁判官の令状が必要とされている。それ以外の場合であっても、この憲法の規定が直接適用されるわけではないが、住居の不可侵は最大限守るべきものとされ、強制的に立ち入ることは、警察官職務執行法6条1項等の場合に限られる。

ウ　民事上の法律関係不介入

　　個人の財産権、親族権の行使、契約の締結等の民事上の法律関係は、近代社会では、原則として個人の私的自由にゆだねるべきものとされ、当該法律関係上の義務を履行しないものがあるときは、民事裁判によって解決すべきこととされている。したがって、民事上の争い自体に警察が介入すべきではない。

　　しかし、契約等が詐欺に当たるときなど、公共の安全と秩序の維持に関連するものとなる場合には、民事上の法律関係を解決するという目的ではなく、その公共の安全と秩序の維持を図るという見地から、警察の活動の対象とすることができる。

パトカー勤務員が、信号無視をした交通違反車両を発見
したので停止を求めるも、逃走したので追跡したところ、
違反車両が逃走途中に信号無視をしたため、青信号に従っ
て進行してきた第三者運転車両と衝突する交通事故が発生
した。

パトカーの追跡行為がどのような要件に該当した場合
に、第三者との間で国家賠償法上、責任が生ずるか説明せ
よ。

〔答案構成〕

パトカー勤務員による違反者の追跡行為は、「国又は公共団
体の公権力の行使に当る公務員」の「職務」であり、この職務
中に「故意又は過失によつて違法に他人に損害を加えたとき」
は、「国又は公共団体が、これを賠償する責に任ずる。」（国家
賠償法1条1項）こととされる。

それでは、本件パトカーの追跡行為がどのような要件に該当
した場合に、その責任が生ずるか。まず、国家賠償法1条1項
の要件を検討する。

1 損害賠償責任の要件

憲法17条は、「何人も、公務員の不法行為により、損害を受
けたときは、法律の定めるところにより、国又は公共団体に、
その賠償を求めることができる。」と規定しており、それを受
けて国家賠償法でその内容を具体化した。

その中で、警察機関等による公権力の行使に対する国家賠償
責任を規定しているのが国家賠償法1条1項である。

同条同項によれば、「国又は公共団体の公権力の行使に当る
公務員が、その職務を行うについて、故意又は過失によつて違
法に他人に損害を加えたときは、国又は公共団体が、これを賠
償する責に任ずる。」としている。

損害賠償の要件として、主体は、国又は公共団体の公権力の
行使に当たる公務員であり、公務員が故意又は過失により他人
に損害を加えたこと、つまり、その公務員がその職務を行うに
ついて、故意又は過失によって違法に他人に損害を加えたとき

である。
(1) その職務を行うとは

その職務を行うとは、「加害行為が職務行為自体を構成する場合はもちろん、職務遂行の手段としてなされた行為や、職務の内容と密接に関連し職務行為に付随してなされる行為の場合を含み、また、客観的に職務行為の外形を有すれば足り、事実上、加害公務員が有した個人的な目的や私的な意図を問わない」と解されている。

(2) 故意及び過失とは

「故意」とは、一定の結果（他の者に対する違法な侵害）を発生させることを意図して、又は、少なくとも係る結果が発生することを認識ないし予見していながら、それを容認して行うことである。

「過失」とは、一定の結果の発生を認識ないし予見することが可能であり、又は予見すべきであるにもかかわらず、不注意のゆえにそれを認識・予見しないで行為することをいうと解される。

(3) 賠償責任の主体

賠償の要件の一つとしての主体は、「国又は公共団体の公権力の行使に当る公務員」であり、公権力の行使の範囲について、行政作用のうち私経済作用を除いたすべての公行政作用と解するのが一般であるから、権力関係はもちろん、管理関係における行政作用も含まれると解されている。

この法的責任の性格について、代位責任説、自己責任説の対立があるが、判例（最判昭30.4.19）は「国または公共団体が賠償の責に任ずるのであって、公務員が行政機関としての地位において賠償の責任を負うものではなく、また、公務員個人もその責任を負うものではない。従って、県知事を相手方とする訴は不適法であり、……」として、代位責任説によっている。

(4) 公務員個人の責任

「公務員に故意又は重大な過失があつたときは、国又は公共団体は、その公務員に対して求償権を有する」ことになる（国家賠償法1条2項）。

求償権行使の要件は、①国又は公共団体が被害者に現実に損害賠償を支払ったこと、②加害公務員に故意又は重大な過失があることである。

　この重大な過失とは、「一般人に要求される注意義務を著しく欠くこと」と解されるが、具体的には「通常に要求される程度の相当な注意をしないでも、わずかの注意さえすれば、たやすく違法有害な結果を予見することができる場合であるのに、漫然とこれを見すごしたような、ほとんど故意に近い著しい注意欠如の状態を指す」といわれている。

2　追跡行為中に生じた第三者車両との損害賠償関係

違法とされる判断

　判例（最判昭61.2.27）によれば、警察官は、異常な挙動その他周囲の事情から合理的に判断して、何らかの犯罪を犯したと疑うに足りる相当な理由のある者を停止させて質問し、また犯人の逮捕に当たる職責を負うものであって、係る職責を遂行する目的のため被疑者を追跡することはもとよりなしうるところであるから、警察官がかかる目的のために交通法規等に違反して車両で逃走する者をパトカーで追跡する職務の執行中に、逃走車両の走行により第三者が損害を被った場合において、当該追跡行為が違法であるというためには、「当該追跡が当該職務目的を遂行する上で不必要であるか、又は逃走車両の逃走の態様、道路交通状況等から予測される被害発生の具体的危険性の有無・内容に照らし、追跡の開始・継続・追跡の方法が不相当であることを要する」と解している。

警察署協議会について、法的根拠を踏まえて、説明せよ。

〔答案構成〕

　警察署協議会の制度は、警察法の一部を改正する法律により設けられ、平成13年6月1日より全国一斉に運用されたものである。

1　法的根拠

　警察署協議会は、警察法53条の2第1項に「警察署に、警察署協議会を置くものとする。ただし、管轄区域内の人口が僅少であることその他特別の事情がある場合は、これを置かないことができる。」として、設置の根拠を与えている。

2　趣　旨

　警察署協議会は、警察署長が警察署の業務運営に民意を反映させるため、そのあり方について地域住民の意見を聴くための機関であるが、同時に、署長が警察署の業務運営について住民等に説明し、その理解と協力を求める場でもある。この制度が設けられた背景には、全国的な警察不祥事を受けた警察刷新会議の提言等によるものであるが、広く市民の意見や要望を聴き、それに真摯に対応しながら業務運営を図ることは、「国民のための警察」本来の姿である。

　そのような趣旨から、協議会を警察業務に対する地域住民の意向を代表する機関と位置付け、その運営に対しては、できる限りの支援を行うとともに、その意見・要望を日常の警察業務や各種施策に十分反映させる必要がある。併せて、協議会の活動を積極的に公表し、協議会を通じて国民に警察活動の現実や警察の姿勢について理解を深めてもらうことも制度を運用する上で重要なことである。

3　職　務

　警察署協議会の職務は、警察法53条の2第2項に有し、それによれば「警察署協議会は、警察署の管轄区域内における警察の事務の処理に関し、警察署長の諮問に応ずるとともに、警察署長に対して意見を述べる機関とする。」とされている。

　これにより、警察署協議会は、署長及び関係署員を交えた会

議等を開催することとなるので、署長は、協議会の会長はじめ各委員との連絡を密にするとともに、その運営に対しても可能な限りの支援協力を行い、有機的に活動できるよう配慮しなければならない。そのため、協議会は、定期的な会議を開催することとなる。

4　委員の委嘱

　警察署協議会の委員は、都道府県公安委員会が委嘱する（警察法53条の2第3項）もので、各協議会の定数は、15人を超えない範囲内で定められ、警察署規模等を勘案し、都道府県ごとに5～15人が委嘱されており、委嘱された委員は、地方公務員法上の「非常勤の特別職公務員」の身分を付与される。委員の任期は条例事項であり、再任されることが可能である。

　委員は、地域の安全に関する問題について意見・要望等を表明するにふさわしい人物であることが求められ、人格・行動において社会的人望を有し、職務の遂行に必要な意欲を有し、健康で活動力を有することなどが必要である。

7 職務質問の対象（要件）

組立て

職務質問の対象（要件）

- 法的根拠　警察官職務執行法2条1項
  ① 異常な挙動その他周囲の事情から合理的に判断して何らかの罪を犯し、若しくは犯そうとしていると疑うに足る相当な理由のある者
  ② 既に行われた犯罪について、若しくは犯罪が行われようとしていることについて知っていると認められる者

- 対象の要件
  - ①不審者
    異常な挙動その他周囲の事情から合理的に判断して
    - 〇 何らかの犯罪を犯していると疑うに足りる相当な理由のある者
    - 〇 何らかの犯罪を犯そうとしていると疑うに足りる相当な理由のある者
    - ※異常な挙動その他周囲の事情
      異常な挙動とは、態度、風体、着衣、携行品等からみて、また、その他周囲の事情とは、時間・場所・環境等から総合的に判断してということ

  - ②参考人的立場の者
    - 〇 既に行われた犯罪について知っていると認められる者
    - 〇 犯罪が行われようとしていることについて知っていると認められる者

１　法的根拠　警察官職務執行法２条１項

　警察官は、異常な挙動その他周囲の事情から合理的に判断して何らかの犯罪を犯し、若しくは犯そうとしていると疑うに足りる相当な理由のある者又は既に行われた犯罪について、若しくは犯罪が行われようとしていることについて知つていると認められる者を停止させて質問することができる。

２　対象の要件

不審者
職務質問の対象者たる不審者として認定する「何らかの犯罪」とは、具体的な犯罪を特定する必要はない。異常な挙動（態度・風体・着衣・携行品等）、その他周囲の事情（時間・場所・環境等）から客観的、合理的に判断していく必要がある。

具体的な態様例	○　血痕のようなものの付着した着衣を身に付け又は所持している者 ○　深夜、理由もなく住宅地等を徘徊している者 ○　警察官の姿を見て、急に隠れ、あるいは逃走したような者 ○　真新しい損傷痕のある車両を運転している者 　等を挙げることができる。

参考人的立場の者
既に行われた犯罪について、若しくは犯罪が行われようとしていることについて知っていると認められる者とは、不審者と異なり、異常な挙動等があること自体は要件ではないが、いろいろな状況から、これらのことを知っているのではないかと客観的に認められ得る者であることを意味する。

具体的な対	○　「大変だ大変だ」と大声をあげている者 ○　事件現場に居合わせた者 ○　事件（事故）を見たと言っている者

Check!

警察官職務執行法の概要

1　構　成
　　第1条　目　的
　　第2条　職務質問、任意同行、逮捕時の凶器検査
　　第3条　精神錯乱者、迷い子等の保護
　　第4条　危険時における避難等の措置
　　第5条　犯罪の予防のための警告及び制止
　　第6条　緊急時の立入り及び公開の場所への立入り
　　第7条　武器の使用
　　第8条　警察官が他の法令により職権職務を遂行す
　　　　　　べきこと

2　警察官の権限
　　各条の内容を警察官の権限として規定しているの
　で、各警察官の判断でこれらの職権を行使することが
　できる。もっとも、警察官は上官の指揮監督を受け職
　務を執行しなければならない（警察法63条）。

3　即時強制の規定
　　警察の任務は公共の安全と秩序の維持であるから、
　緊急時には国民に事前に義務を課すことなく直接に有
　形力を行使し、行政目的を達成できる。

4　任意手段の規定
　　任意手段を法的に規定することは、警察官が自信を
　持って必要な手段を行使できる。また、明文化するこ
　とにより必要かつ相当な限度を超え、濫用されるのを
　防止する意味も持つことになる。

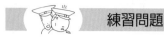

Q

次のうち、正しいものには〇、誤っているものには×を記せ。

(1) 職務質問の対象者は、不審者又は参考人的立場の者である。

(2) 不審者とは、特定の犯罪が判明していなくとも、その場所、時間から見て、その人の言語、動作、態度、着衣、所持品等の様子が不自然であり、客観的に判断して怪しいと思われる者である。

(3) 参考人的立場の者についての認定においても、異常な挙動その他周囲の事情から合理的に判断する必要がある。

(4) 不審と認めるためには、警察官がその専門的知識経験を前提としたうえで、合理的な判断によって認めるだけでは足りない。

(5) 事前の情報を不審者と認める判断の資料とすることはできない。

○ (1)　警察官職務執行法2条1項に規定されているとおりであり、不審者と参考人的立場の者が職務質問の対象者である。

○ (2)　異常な挙動とは態度・風体・着衣・携行品等から、また、その他周囲の事情とは時間・場所・環境等から総合的に判断しなければならない。

× (3)　異常な挙動その他周囲の事情から合理的に判断するというのは、何らかの犯罪を犯し、若しくは犯そうとしていると疑うに足りる相当な理由のある者（不審者）にかかるもので、参考人的立場にある者としての「既に行われた犯罪について、若しくは犯罪が行われようとしていることについて知っていると認められる者」にはその要件が求められていない。

× (4)　その場所、その時間から見て、その人の言語、動作、態度、着衣、所持品等の様子が不自然であり、客観的に判断して怪しいと思われる者が不審者に該当する。警察官が、ある者をこれに該当すると判断して職務質問を行った場合でも、その判断が理由のない独断的なものであるときは、この要件を満たした職務質問とはいえない。もっとも、このことは、どの人が見ても不審である場合に限られるということではなく、警察官としての専門的知識経験を前提とした上で、合理的な判断によって不審であると認められる場合を含む。

× (5)　事前に情報を取得しているときは、その情報を判断の資料とすることができる。例えば、緊急配備についている場合に、その手配された着衣に類似したものを着ている者を発見したときは、手配がなければ不審といえない者であっても、職務質問の対象とすることができる。

(6) 「何らかの犯罪」とは、具体的な犯罪を特定しなくとも、何か刑罰法規に触れることを行っているのではないかということでよい。

(7) 参考人的立場の者に対する質問も、不審者に対すると同様の負担をかけることが許される。

(8) 不審者であるとの判断は、どの人が見ても不審である場合に限られる。

(9) 不審者に対する職務質問を行うには、あらかじめ自己の意思に反して供述する必要がない旨を告げる必要がある。

(10) 警察官職務執行法2条の職務質問と犯罪捜査における聞込み捜査とは、その性質は異なる。

○ (6) 「何らかの犯罪」とは、具体的な犯罪を特定しなくとも、何か刑罰法規に触れることを行っているのではないかということでよいとする意味であり、「何らかの犯罪を犯し」た疑いがあるとして行う職務質問は、通常、どのような犯罪が行われたか不明のままに、捜査の端緒を得る目的で行われる。もとより、このことは、具体的な犯罪を特定した場合には職務質問ではなくなるということではない。

✕ (7) 一般的に、参考人的立場の者は不審者と同様の立場にあるとはいえないから、これに対しては、不審者と同様の負担をかけるべきではなく、停止、質問に応じない者に対して行う説得活動の程度は、不審者の場合に比べてより低いものしか許されない。

✕ (8) (4)を参照のこと。

✕ (9) 職務質問は、犯罪の予防、捜査、公安の維持等の警察の責務を遂行するための任意手段であるから、犯罪捜査の手続を定めた刑事訴訟法の規律には服さない。したがって、職務質問は取調べとは本質的に異なるから、供述拒否権の告知は不要である。

○ (10) 聞込み捜査の場合には、一般的にその対象に法的な限定がなされていないが、職務質問は、通行中の者を停止させて、質問するといった態様のものであって、相手方に事実上の不利益を与える可能性のあるものであるから、誰に対してもできるというものではない。場合によって実力を行使することすら認められる警察官職務執行法2条の職務質問と、全くの任意である聞込み捜査とは、その性質が異なる。

Q

　A巡査部長とB巡査は、忍込み事件が多発している新興
住宅地を深夜警ら中、バッグを抱え周囲の様子をうかがう
ようにして裏通りから出てきた不審な男を発見したので、
職務質問をしようとしたところ、男は急に反転して小走り
に走り去ろうとした。

　A巡査部長らは、この不審な男を職務質問するために、
まず停止を求める必要があるが、本件の場合、職務質問の
対象となり得るか、また停止の方法と適法性の限界につい
て述べよ。

〔答案構成〕

1　職務質問の要件

　職務質問は警察官職務執行法2条に規定されており、同条1
項において、警察官は、異常な挙動その他周囲の事情から合理
的に判断して、何らかの犯罪を犯し、若しくは犯そうとしてい
ると疑うに足りる相当な理由のある者又は既に行われた犯罪に
ついて、若しくは犯罪が行われようとしていることについて
知っていると認められる者を停止させて質問することができる
としている。

　職務質問の対象者は、このように、不審者と参考人的立場の
者とに分けられる。不審者として認定するうえで、「異常な挙
動その他周囲の事情から合理的に判断」する必要があるが、こ
れは態度・風体・着衣・携行品等からみて、また、時間・場所・
環境等から総合的に判断することとなる。

　不審者は、このような総合的な判断からして、特定の犯罪で
あることは必要でなく、

　○　何らかの犯罪を犯していると疑うに足りる相当な理由の
　　　ある者

　○　何らかの犯罪を犯そうとしていると疑うに足りる相当な
　　　理由のある者

で足りる。

そして、被質問者を発見したら、まず「呼止め」し、「停止させて」質問するという過程を経るが、この停止には動いている者を停止させる活動と質問を開始した後立ち去ろうとする者をその場に引き止める活動の双方を含むものである。

職務質問はあくまで相手の協力を得て行う任意手段であるから、停止も相手方の協力を求める方法によるべきであり、停止を強制することは認められない。

相手を呼び止めて立ち止まるよう声をかけたところ、相手がこれに応じた場合、たとえ相手が内心でしぶしぶ応じたとしても、なお任意といえる。

停止を拒否した者に対して、停止するよう説得を行うことができるが、なおも応じない者に対して、どの程度、停止のための行為を行うことができるかが問題となる。

<u>この点は、具体的事情の下で、職務質問の必要性の程度（相手の不審点の程度等、あるいはこれを放置しておいたときに生ずる危険性、社会的影響等の程度）に応じた範囲（目的達成上必要最小限度の範囲であり、かつ、その公益の程度が相手方の国民に与える不利益を上回るときに限られる）であって、個々の事案ごとによって異なるが、必要性の高いときには、一定限度の実力の行使も認められる。</u>

判例により認められたものとしては、

○　職務質問のため、いったん呼び止めて質問をしていたが、突如逃げ出したために、停止させるために追跡する行為

○　職務質問中、逃げ出した者の身体（腕・肩）に手をかけ停止を求める行為

などがある。

2　本件の場合

本件の場合、忍込み事件の多発する住宅地の路地からバッグを抱え、周囲の様子をうかがうようにしている男を発見したのであるから、職務質問の対象者である不審者に該当する。ところが、男は職務質問をしようとしたところ、急に反転して小走りに走り去ろうとしたというのであるから、A巡査部長らは、この男を職務質問するために、まず停止を求める必要がある。

そこで、「停止させて質問する」ためには、いかなる方法が許容され、その適法性の限界をどのように考えるかである。

　まず、停止を求めるための呼びかけを、相手の機先を制するよう毅然として行う必要がある。そして、なおも、停止に応じないときは、必要な説得を行い、必要に応じて停止に応ずるよう翻意させる必要がある。

　その場合にとり得る方法としての基準は、職務質問の必要性の程度（不審の程度、これを放置した場合に生ずる危険性、社会的影響等の程度）に応じた範囲であって、個々の事案によって異なるが、その必要性の高い場合は、一定の実力の行使までも認められる。本件のような場合、男の挙動からして忍込み事件の容疑が濃く、職務質問の必要性が高いと認められるから、停止を求める必要性も高いといえる。

　したがって、停止に応じるよう翻意させるために、一定限度で実力の行使も認められることになり、具体的には、相手の肩等に手をかける程度のことは許容されよう。

8 停止・同行要求

組 立 て

停
止

├─ 意 義 (警察官職務執行法2条1項)

  ○ 職務質問の要件を満たす者 (不審者、参考人的立場の者) を、停止させて質問することができる。

  ○ 警察官の停止権限〜相手方に停止するよう求める権限を意味する。

└─ 限 界

  ○ 停止に応じない場合又はいったん停止していた者が立ち去ろうとする場合、必要な説得、相手方の肩・腕に手をかけて翻意を促すことなどが許容される。

  注 個々の事案ごとに判断

同
行
要
求

├─ 要 件 (警察官職務執行法2条2項)

  ○ その場で質問をする ──┬── 本人に対して不利である
     ことが   └── 交通の妨害になる

  ○ 同行場所〜付近の警察署、交番又は駐在所 (相手が承諾すればこれに限らない。)

└─ 同行要件に該当しない場合における同行〜要件を満たしていない同行要求 (本人に対し不利・交通の妨害でない場合) であっても、相手方の任意の承諾を得て行う限り適法

1 停　止

意　義

警察官は、警察官職務執行法2条1項に規定する職務質問の要件を満たす者を、停止させて質問することができる。

この停止は、質問のために行われるもので、

○　動いている者を停止させる活動と

○　質問を開始した後立ち去ろうとする者をその場に引き止める活動

の双方が含まれる。

ワンポイント　職務質問は、あくまで相手方の協力を得て行う任意手段であるから、この停止も相手方の協力を求める方法によるべきであり、相手方に停止を強制することはできない。

しかし、相手を呼び止めて、相手がこれに内心でいやいやながらも応じた場合、任意の範ちゅうにあるといえる。

つまり、この場合の任意は、本心から進んで自発的にということに限らず、なお相手の意思でそれに応じている以上、これに含まれると解されるからである。

限　界

停止に応じるよう相手を「説得」することも認められる。この「説得」としての行為については、職務質問の必要性の程度（これを放置した場合に生ずる危険性、社会的影響等）、緊急性、目的達成上必要最小限度にして、かつ、個人の法益と保護されるべき公共の利益（その公益の程度が相手方の国民に与える不利益を上回るとき）などを考慮して、個々の事案ごとに、ケース・バイ・ケースで判断されることになる。

また、停止を求める必要性が高い場合に、停止に応じるよう翻意させるために、一定限度で実力の行使も認められることになるが、あくまでも「説得」の範囲内でなければならないということである。

判例も、次のような態様での実力の行使を認めている。

○　突然逃げ出した不審者に質問を継続するために追跡した

行為
○ 逃げ出した不審者の腕・肩に手をかけて呼び止める行為
○ 酒気帯び運転の疑いのある者が自動車に乗り込んで発進
しようとしたとき、エンジンスイッチを切る行為
しかし、これらと同程度の実力の行使でも、職務質問自体の
必要性の程度が低いような場合に違法とされた事例も存すること
から、画一的ではないことに留意すべきである。

② 同行要求

要 件

職務質問に際し、「その場で質問をすることが本人に対して
不利であり、又は交通の妨害になると認められる場合において
は、質問するため、その者に附近の警察署、派出所又は駐在所
に同行することを求めることができる」と警察官職務執行法2
条2項で規定されている。
(ｱ) 本人に対して不利であるとき
○ 衆人環視の中で本人の名誉が傷つけられる場合
○ 寒暑、風雨等の気象条件等の場合
(ｲ) 交通の妨害になると認められる場合
○ その場所で質問をすることによって交通の支障が生ず
る場合
(ｳ) 同行を求めることができるとは、警察署等に警察官とと
もに行くことを求めることができるということであり、強
制的に同行させることはできない。

ワンポイント 強制的に同行させることができない理由として
は、同条3項で、被質問者は、「刑事訴訟に関する法律の規
定によらない限り、身柄を拘束され、又はその意に反して警
察署、派出所若しくは駐在所に連行され、若しくは答弁を強
要されることはない。」とされていることから読み取れる。

同行要件に該当しない場合における同行

職務質問を効率的に行うために同行を求めること、つまり、
警察官職務執行法2条2項の要件を満たしていない同行要求
(本人に対し不利・交通の妨害でない場合) が許されるか問題

となる。

　この点、同項が一定の要件を定めていることから、この反対解釈として違法視する見解もあるが、同項に基づく同行要求は、一定の場合につき要求できることを明確にしたものであり、他の場合を否定する趣旨とはいえないので、この要件を満たしていないとしても、相手方の任意の承諾を得て行う限り適法であると解される。

 Check!

　警察官職務執行法2条の「質問」の留意点
　○　被疑者の取調べではないから、刑事訴訟法198条に定める供述拒否権を告知する必要はない。
　○　職務質問の対象者に対し、警察官の氏名等を告知する法的義務はない。
　○　警察官職務執行法2条に基づく職務質問を妨害する者に対し、これを排除する行為も職務質問に付随する行為として許される。

参考判例

職務質問における任意性が否定された例　東京高判平19.9.18

　警察官が自動車の運転者に対する職務質問において、薬物前科が判明したことなどにより、所持品検査及び車内検査に応じることを求めて、同運転者が立ち去ることを繰り返し要求していたにもかかわらず、これを無視してその場に約3時間半にわたり留め置いたことは、任意捜査の限界を超え、違法な職務執行であった。

　上記運転者が警察官に道を開けるように申し向けて約1メートル後退し、右にハンドルを切って約2秒程度かけて約30センチメートル発進して停止した際、同車の右サイドミラーが警察官の右腕の内肘に当たった行為について、警察官はそれに対して十分対処することができたから、警察官は道を譲らなければならない状況にあり、公務執行妨害罪としての暴行に当たらな

い上、その故意も認められない。

　被告人の現行犯逮捕に至るまでの手続は、一体として違法であり、その違法の程度は令状主義の精神を没却するような重大なものであったといわざるを得ず、このような違法な手続に密接に関連する証拠を許容することは将来における違法捜査抑制の見地からも相当でないと認められるのであって、その証拠能力を否定すべきである。そして、警察官は、この逮捕に伴う捜索により、被告人車両の後部トランクルームから本件大麻を発見し、本件大麻を所持していたことを被疑事実とする大麻取締法違反の罪で被告人をさらに現行犯逮捕した上、これに伴う捜索差押手続により本件大麻を押収したが、本件大麻等は、上記の重大な違法があると判断される手続と明らかに密接な関連を有する証拠である。したがって、本件大麻等の証拠能力を否定した原判決の判断は、正当として是認することができる。

　職務質問を行った警察官が約2時間にわたりその状況をビデオ撮影し、その面前で車内検査等を求める手続が行われたからといって、警察官らに令状主義を潜脱する意図がなかったものとはいえない。

警職法2条の同行の任意性は否定されたが警職法2条の趣旨に照らし適法とされた例　秋田地判平17.7.19

　被告人が、キャッシュカードの再発行手続をめぐって銀行支店内において怒声を発するなどし、銀行からの通報を受け臨場した警察官から任意同行を求められた際、同警察官に暴行を加えたという公務執行妨害及び傷害の事案で、警察官が同支店駐車場において任意同行を求めたことは警職法2条2項の要件を満たさないが、被告人をそのまま放置すれば同支店の業務妨害等の犯罪に発展するおそれなしとしない状況で、同警察官が被告人の態度の沈静化、犯罪発生の防止などを目的として警察署への任意同行を求めることは、警察法2条1項の趣旨に照らし適法であるとして、被告人に懲役1年4月、執行猶予5年を言い渡した事例。

練習問題

Q

次のうち、正しいものには〇、誤っているものには×を記せ。

(1) 警察官は、職務質問の要件を満たす者を、停止させて質問することができる。これは相手方に停止義務を負わせることのできる命令権であり、また、それに応じない者に対して実力で停止させることのできるものであることは、「停止させて」と規定していることから明らかである。

(2) 停止は、質問のために行われるもので、動いている者を停止させる活動と質問を開始した後、立ち去ろうとする者をその場に引き止める活動の双方が含まれ、停止させるに当たりある程度の実力の行使を認めるのが通説である。

(3) 職務質問において、一定限度で実力の行使が認められているが、実力の行使を認めている以上、「強制」手段であり、これは警察官職務執行法2条によって規定されたものであると解されている。

(4) 判例は、突然逃げ出した不審者に質問を継続するために追跡した行為、逃げ出した不審者の腕に手をかけて呼び止める行為、酒気帯び運転の疑いのある者が自動車に乗り込んで発進しようとしたときにエンジンスイッチを切る行為等を停止を求めるための実力の行使として認めている。

(5) その場で質問をすることが支障のある場合の同行の要件は、その場で質問をすることが本人に対して不利であり、又は交通の妨害になると認められる場合に限って認められるものであり、それ以外の場合における同行を、法は認めない趣旨である。

× (1)　職務質問はあくまでも相手方の協力を得て行う任意手段であり、停止もあくまで相手方の意思で停止するように求め、必要に応じて説得するという任意活動であり、停止を強制することはできない。

○ (2)　個々の事案によるが、必要性の高いときに、いかなる実力の行使も認められないというのでは、職務質問ができるとした実質的な意味がなくなることになり、必要な限度で限られた範囲の実力行使を認めるのが通説であり、判例も停止を求めるのに必要かつ相当の限られた範囲で停止のためのある程度の実力の行使を認めている。

× (3)　職務質問に際して認められる実力の行使は、通常の「強制」の範囲に至らない程度のものであり、任意手段としての質問、停止の本質を変更するものではなく、その任意手段に付随した限度で、その実効性を確保するために認められる範囲のものと解することができる。

○ (4)　最高裁は「突然逃げ出した不審者に質問を継続するために追跡した行為」、「逃げ出した不審者の腕に手をかけて呼び止める行為」、「酒気帯び運転の疑いのある者が自動車に乗り込んで発進しようとしたときに、エンジンスイッチを切る行為」を停止を求めるための実力の行使として認めている。

× (5)　警察官職務執行法2条2項の要件を満たしていない同行要求（本人に対し不利でない場合、交通の妨害でない場合）が許されるかという問題について、同項が一定の要件を定めていることから、この反対解釈として違法とする見解があるが、警察責務を果たす範囲内で必要で、相手方の任意の承諾を得て行う限り、適法であると解される。

(6)　同行を求めることができるとは、警察署や交番等に警察官とともに行くことを求めることができるということであるが、場合によっては強制的に同行させることもできる。

(7)　同行を求める要件としての「本人に対して不利」とは、どのような場合であっても本人が単に不利であると申し立てた場合にこれに該当すると解されている。

(8)　同行を求める要件としての「交通の妨害になると認められる」とは、その場所で職務質問を実施することによって、交通の支障となる場合である。

(9)　同行を求める場所は「附近の警察署、派出所又は駐在所」であるが、法文上からして同行場所を限定した趣旨と解され、他の場所への同行は許さない趣旨である。

(10)　同行には、警察官職務執行法2条によるものと、刑事訴訟法198条1項によるものとがあるが、いずれの場合の同行でもその性質に異なることはない。

× (6) 相手の意思に反して強制的に同行することはできない。

× (7) 同行を求める要件としての「本人に対して不利な場合」とは、衆人環視の中で本人の名誉やプライバシー等が傷つけられる場合、悪天候の場合などであり、本人が単に不利であると申し立てたような抽象的なものではない。

○ (8) 同行を求める要件としての「交通の妨害になると認められる場合」とは、その場で質問を実施することによって、交通の支障となる場合であり、具体的には、警察官が相手方と路上に立っていること自体が交通の妨害になる場合はもちろん、職務質問を行っている周囲に野次馬等が集まり、それにより交通妨害となる場合も含まれる。

× (9) 法文上同行を求める場所として「附近の警察署、派出所又は駐在所」が列挙されているが、これは職務質問に便利な場所として典型的なものを規定したものであり、相手方が承諾するのであれば、犯罪現場、付近の建物等であっても、具体的な状況の下で、必要かつ相当なものであれば許される。

× (10) 警察官職務執行法2条による同行は、あくまで犯罪予防的見地等からのものであり、刑事訴訟法198条1項によるものは相手の名誉等を考慮しての任意捜査の一手段としてのものであり、両者は明確に区別されるものである。

 論文対策

Q

　甲警察署乙交番のA巡査部長とB巡査は在所中、本署当直責任者から「管内の機械警備のなされている丙会社事務所で異常発報。事務所荒しの模様。被害は詳細不明なるも、窓ガラスが破られ侵入の形跡あり。付近を検索し犯人の検挙に努めよ」との指令を受けて、丙事務所に通ずる裏通りを検索していたところ、現場方向から無灯火自転車に乗った男を認め、質問をしようとした。

　次の場合について、その正否を検討せよ。
　(1)　質問のため呼止めしたが、そのまま立ち去ろうとするので、自転車の後部荷台に手をかけて停止を求めた。
　(2)　男の自転車の前カゴに黒色のカバンがあり、内部の開披を求めたところ、当初拒否していたが、「見るなら見てみろ」というので承諾がなされたと判断し、チャックを開き、内部を点検したところ、軍手、ドライバーと現金35万円が発見された。
　(3)　男がそれらの理由について黙しているので、捜査員に応援を求め、本署まで同行を求めたところ、渋々自ら捜査用車両に乗り込み同行に応じた。

〔答案構成〕

(1)について

　職務質問は、異常な挙動その他周囲の事情から合理的に判断して、①何らかの犯罪を犯していると疑うに足りる相当な理由のある者、②何らかの犯罪を犯そうとしていると疑うに足りる相当な理由のある者、③既に行われた犯罪について知っていると認められる者などに対して行うことができる。

　本件事実関係は、事務所荒しが発生し、現場方向に通ずる裏通りから無灯火自転車に乗った男を認めたというのであるから、質問対象者に当たるものと解される。

　そして、質問のため呼止めしたが、そのまま立ち去ろうとす

るので自転車の後部荷台に手をかけて停止を求めた行為についても、停止させる行為として妥当なものである。質問は、あくまで相手方の任意の協力を求めて行う任意手段であり、停止も同様であるが、質問の必要性の程度、緊急性等を考慮し、目的達成上必要最小限の範囲内で、一定限度の実力の行使を認めることができると解されている。

本件においては、質問のため呼止めしたが、そのまま立ち去ろうとするので、自転車の後部荷台に手をかけて停止を求めたというのであるから、停止を求める方法として、停止の考え方及び判例に照らしても妥当なものであったと判断できる。

(2)について

判例によれば、所持品検査は、任意手段である職務質問の付随行為として許容されており、所持品検査は所持人の承諾を得て、その限度において行うべきものであるが、所持人の承諾のない所持品検査は一切許容されないというものではなく、捜索に至らない程度の行為は、強制にわたらない限り、たとえ所持人の承諾がなくとも、所持品検査の必要性、緊急性、これによって侵害される個人の法益と保護されるべき公共の利益との権衡などを考慮して、具体的状況のもとで相当と認められる限度で許容されるとしている。

さて、本件においては、男の自転車の前カゴに黒色のカバンを認め、開披を拒否したが、「見るなら見てみろ」ということから、承諾がなされたと判断し、チャックを開き、内部を点検したところ、軍手・ドライバーと現金35万円を発見したというものであり、職務質問に付随する所持品検査として許容してよいものと考える。

しかし、事後において、この所持品検査についての承諾の有無に関して争われることも考慮して、説得を続け、相手に開披させ、取り出させるべきであったろう。

(3)について

任意同行には、警察官職務執行法2条2項の同行要求に当たる場合と刑事訴訟法上の任意捜査の一方法として被疑者を任意同行する場合がある。

まず、警察官職務執行法の同行要求にある「その場で質問す

ることが本人に対して不利であり、又は交通の妨害になると認められる場合」に当たるかどうかは、本件状況からは判然としないが、仮に警察官職務執行法の同行要求に該当しなかったとしても、警察の責務を達成する範囲で、相手方の任意の承諾を求めて行う限り適法と解される。

　本件の状況において、ドライバー、軍手、多額の現金所持から不審を深めたことはもっともであり、更に事情聴取の必要を認めたものと思われる。

　本件の同行の適否を判断するについて検討するのは、その同行が真に相手の意思決定の自由を確保し得るようなものであったかということである。そのためには、同行を求めた時間、場所、同行の方法、同行後の状況等諸般の具体的事情を総合判断して決せられることとなる。この同行要求が拒否しようにも拒否できないようなものであったならば、違法（逮捕）と評価されよう。

　しかし、男は渋々同行に応じたというのであり、強制が加えられたということもなく、自ら車両に乗り込んでいることから、なおも適法な同行といえる。

9 所持品検査の意義と限界

組立て

所持品検査の意義と限界

─意義

　法律上の明文の規定はないが、実務上職務質問に付随して、相手方の承諾の下に行われている。

─法的根拠（警察官職務執行法2条1項）

─所持品検査の態様と許容限度

　承諾のもとに、所持品の提示又は開示を求め、検査する。

　○　外部から観察し、その内容について質問する。

　○　所持品の内容の開示を求める。

　○　衣服又は携帯品の外側に軽く手を触れ、質問する。

─適切な所持品検査

　強制にわたらない限度で所持品検査が認められるものの、極めて必要性の高い限られた場合である。

① 所持品検査の意義

所持品検査とは、警察官が、職務質問の相手方等の所持品を調べる行為をいい、通常は、職務質問に付随する不審点解明の手段として、相手方の承諾を得て実施されている。

② 法的根拠

口頭による質問と密接に関連し、職務質問の効果を上げるうえで、必要かつ有効な手段であるため、警察官職務執行法2条1項に基づく職務質問の付随行為として判例上も認められている。

③ 所持品検査の態様と許容限度

所持品を外部から観察し、その内容について質問すること
所持品を外部から観察し、その内容について質問するという行為は、まさに口頭による質問であり、いわば所持品検査そのものの前段階ということができ、質問の一つの派生にすぎず、問題は生じない。
所持品の内容の開示を求めること
あくまで相手方の承諾があり、その承諾のもとに内容の開示を求める行為は、相手に負担を及ぼすものでない限り、許されると解される。
衣服あるいは携帯品の外側に軽く手を触れて質問し、又は開示を求めること
職務質問の過程で、異常な箇所につき着衣等の外部から触れる程度のことは、特に相手方に強制を及ぼしたものとはいえない。 相手方のこれに対する拒絶の意思がない限り、なお許されると解される。
相手の承諾なしにバッグ等を開示し、又は衣服に手を差し入れて所持品を取り上げること

捜索とみなされ、許容されることは少ない。仮に許容される
としても、明らかに凶器や危険物の存在する可能性が極めて高
い場合で、バッグ等を開示する行為の必要性、緊急性の高度な
場合に限られ、限定的な場合のみ肯定されるにすぎない。

④　適切な所持品検査

　適切な所持品検査を行うための留意事項は次のとおり。

- ○　相手の承諾により、相手が進んで見せるように仕向けること。
- ○　所持品は、相手方の承諾を求めて、事前に内容を個々具体的に聞いてから提示させるなど、妥当な方法で行うこと。
- ○　危害防止のため、腹部、ズボン、ポケット等のふくらみなどに注意を払い、必要に応じて外部から触れてみるなどの配意をすること。
- ○　金銭類を確認する場合は、無用の紛議や言い掛かりを避けるために、必ず相手に提示させ、相手に点検させて行うこと。
- ○　所持が禁じられている銃砲刀剣類、覚醒剤、麻薬等の禁制品については、銃砲刀剣類所持等取締法違反等の現行犯として逮捕し、逮捕の現場での差押を行うこと。
- ○　所持品検査に応じない場合、できる限り相手を説得し、承諾を求める工夫を行い、なおも理由なしに拒否する場合は、質問時の矛盾点を追及したり、所持品の外部から手を当てるなどして、その形状をすみやかに確認し、「この固いものは何ですか」、「刃物らしいが見せてくれますか」などと、毅然として指摘し、相手の挙動に注意を払い、質問を継続し、追及すること。
- ○　質問に際しては、相手より有利な位置を確保し、必要な場合には応援の要請をし、通信手段・照明器具の確保、警棒等の活用等に絶えず配意し、受傷事故防止の絶無を期すること。

所持品検査を職務質問の付随行為として認めた判例

最判昭53.6.20

「警職法は、その第2条1項において、同項所定の者を停止させて質問することができると規定するのみで、所持品の検査については明文の規定を設けていないが、所持品の検査は、口頭による質問と密接に関連し、かつ、職務質問の効果をあげるうえで必要であるから、同条項による職務質問に付随してこれを行うことができる場合があると解するのが相当である。」としている。

所持人の承諾がない所持品検査の許容限度の判例

最判昭53.6.20

所持品検査は、所持人の承諾を得て、その限度においてこれを行うのが原則である。

しかし、所持人の承諾のない限り所持品検査は一切許されないと解するのは相当でなく、捜索に至らない程度の行為は、強制にわたらない限り、所持品検査においても許容される場合があると解すべきである。もっとも、所持品検査には種々の態様のものがあるので、その許容限度を一般的に定めることは困難であるが、所持品について捜索及び押収を受けることのない権利は憲法35条の保障するところであり、捜索に至らない程度の行為であってもこれを受ける者の権利を害するものであるから、状況のいかんを問わず常にかかる行為が許容されるものと解すべきでなく、所持品検査の必要性、緊急性、これによって害される個人の法益と保護されるべき公共の利益との権衡などを考慮し、具体的状況のもとで相当と認められる限度においてのみ、許容されるものと解すべきである。

所持人の承諾がない所持品検査は違法とされたが、証拠物の証拠能力は肯定された判例（「大阪覚醒剤事件」）

最判昭53.9.7

〈事案の概要〉

覚醒剤事犯等の検挙例が多い地区をパトロール中、甲巡査部長及び乙巡査は、青白い顔をした痩せた覚醒剤中毒の疑いのある男に対して職務質問を行った際に、男の上衣内ポケットが膨

らんでいるので、それを提示するよう求めたが、相手はこれに応じないので、やむなく相手方の承諾を得ないで、その上衣内ポケット内に手を入れてその在中物を取り出して中を見ると、ビニール袋入りの覚醒剤様の粉末やケース入りの注射器を発見し、その粉末を検査したところ、覚醒剤であることが判明したので、覚醒剤取締法違反（不法所持）で現行犯逮捕し、証拠物を差し押さえたというものであった。

〈最高裁の判断〉

　（警察官が）被告人に対し、被告人の上衣左側内ポケットの所持品の提示を要求した段階においては、被告人に覚醒剤の使用ないし所持の容疑がかなり濃厚に認められ、また、（警察官の）職務質問に妨害が入りかねない状況もあったから、右所持品を検査する必要性ないし緊急性はこれを肯認しうるところであるが、被告人の承諾がないのに、その上衣左側内ポケットに手を差し入れて所持品を取り出したうえ検査した（警察官の）行為は、一般にプライバシー侵害の程度の高い行為であり、かつ、その態様において捜索に類するものであるから、上記のような本件の具体的な状況のもとにおいては、相当な行為とは認めがたいところであって、職務質問に付随する所持品検査の許容限度を逸脱したものと解するのが相当である。してみると、右違法な所持品検査及びこれに続いて行われた本件証拠物（試薬検査により判明した覚醒剤）の差押手続は違法といわざるをえない。

　……これを本件についてみると、被告人の承諾なくその上衣左側内ポケットから本件証拠物を取り出した（警察官の）行為は、職務質問の要件が存在し、かつ、所持品検査の必要性と緊急性が認められる状況のもとで、必ずしも諾否の態度が明白でなかった被告人に対し、所持品検査として許容される限度をわずかに超えて行われたに過ぎないのであって、もとより、（右警察官）において令状主義に関する諸規定を潜脱しようとの意図があったものではなく、また、他に右所持品検査に際し強制等のされた事跡も認められないので、本件証拠物の押収手続の違法は必ずしも重大であるとはいえないのであり、これを被告人の罪証に供することが、違法な捜査の抑制の見地に立ってみても相当でないとは認めがたいから、本件証拠物の証拠能力はこれを肯定すべきである。

所持品検査の許容限度　最決平15.5.26

　警察官がホテルの責任者から料金不払や薬物使用の疑いがある宿泊客を退去させてほしい旨の要請を受けて、客室に赴き職務質問を行った際、宿泊客が料金の支払について何ら納得し得る説明をせず、制服姿の警察官に気付くといったん開けたドアを急に閉めて押さえたなど判示の事情の下においては、警察官がドアを押し開けその敷居上辺りに足を踏み入れて、ドアが閉められるのを防止した措置は、適法である。

　警察官が、ホテル客室に赴き宿泊客に対し職務質問を行ったところ、覚醒剤事犯の嫌疑が飛躍的に高まったことから、客室内のテーブル上にあった財布について所持品検査を行い、ファスナーの開いていた小銭入れの部分から覚醒剤を発見したなど判示の事情の下においては、所持品検査に際し警察官が暴れる全裸の宿泊客を約30分間にわたり制圧していた事実があっても、当該覚醒剤の証拠能力を肯定することができる。

所持品検査の許容限度　最判昭53.6.20

　職務質問に附随して行う所持品検査は、所持人の承諾を得て、その限度においてこれを行うのが原則であるが、捜索に至らない程度の行為は、強制にわたらない限り、所持品検査の必要性、緊急性、これによって侵害される個人の法益と保護されるべき公共の利益との権衡などを考慮し、具体的状況のもとで相当と認められる限度で許容される場合がある。

　警察官が、猟銃及び登山用ナイフを使用しての銀行強盗の容疑が濃厚な者を深夜に検問の現場から警察署に同行して職務質問中、その者が職務質問に対し黙秘し再三にわたる所持品の開披要求を拒否するなどの不審な挙動をとり続けたため、容疑を確かめる緊急の必要上、承諾がないままその者の所持品であるバッグの施錠されていないチャックを開披し内部を一べつしたにすぎない行為は、職務質問に附随して行う所持品検査において許容される限度内の行為である。

所持品検査の許容限度　最判昭53.9.7

　警察官が、覚醒剤の使用ないし所持の容疑がかなり濃厚に認められる者に対して職務質問中、その者の承諾がないのに、その上衣左側内ポケットに手を差し入れて所持品を取り出したう

え検査した行為は、職務質問に附随する所持品検査において許容される限度を超えた行為である。

　証拠物の押収等の手続に憲法35条及びこれを受けた刑訴法218条1項等の所期する令状主義の精神を没却するような重大な違法があり、これを証拠として許容することが将来における違法な捜査の抑制の見地からして相当でないと認められる場合においては、その証拠能力は否定されるべきである。

　職務質問の要件が存在し、かつ、所持品検査の必要性と緊急性が認められる状況のもとで、必ずしも諾否の態度が明白ではなかった者に対し、令状主義に関する諸規定を潜脱する意図なく、また、他に強制等を加えることなく行われた本件所持品検査において、警察官が所持品検査として許容される限度をわずかに超え、その者の承諾なくその上衣左側内ポケットに手を差し入れて取り出し押収した点に違法があるに過ぎない本件証拠物の証拠能力は、これを肯定すべきである。

Q

次のうち、正しいものには○、誤っているものには×を記せ。

(1) 所持品検査とは、所持品を提示させ、これを検査する行為
であり、警察官職務執行法に規定されているもので、これを
根拠として行っているものである。

(2) 所持品検査は、口頭による質問と密接に関連し、職務質問
の効果を上げるうえで、必要かつ有効な手段であるため、警
察官職務執行法2条1項に基づく職務質問の付随行為として
判例上も認められている。

(3) 問題となるのが、所持品検査を相手の承諾なしに行うこと
ができるかということであり、判例上も任意手段として行わ
れるものであるから、相手の承諾のない所持品検査は認めて
いない。

(4) 所持品を外部から観察し、その内容について質問すること
は、何ら問題とする余地はなく、適法である。

(5) 相手の衣服あるいは携帯品の外側に軽く手を触れて質問
し、又は開示を求めることは、原則として許容される余地は
なく、問題とされることがある。

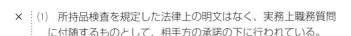

×　(1)　所持品検査を規定した法律上の明文はなく、実務上職務質問に付随するものとして、相手方の承諾の下に行われている。

〇　(2)　所持品検査は、判例上、警察官職務執行法2条1項に基づく職務質問の付随行為として認められている（最判昭53.6.20）。

×　(3)　判例（最判昭53.6.20）は、所持人の承諾のない限り所持品検査は一切許されないと解するのは相当でなく、捜索に至らない程度の行為は、強制にわたらない限り、所持品検査においても許容される場合があると解している。

〇　(4)　所持品を外部から観察し、その内容について質問するという行為は、まさに口頭による質問ということができ、質問の一つの派生にすぎないといえることから、問題は生じない。

×　(5)　相手の衣服あるいは携帯品の外側に軽く手を触れて質問し、又は開示を求める行為は、法益侵害も少なく、相手方に強制を及ぼしたものとはいえないことから、許容される。特に、凶器、危険物等を隠匿しているような形跡があるような場合は、その必要性が高く、より肯定されよう。

(6) 職務質問の過程の中で、相手が何ら承諾もしないのに、カバン・バッグ等の携帯品を開披したり、あるいは衣服に手を入れるなどして所持品を取り出す行為は、もはや許されないというべきである。

(7) 違法な所持品検査によって押収された証拠物は、もはや証拠能力が付与される余地はないというのが、判例の立場である。

× (6) 判例（最判昭53.6.20）は所持人の承諾のない限り所持品検査は一切許されないと解するのは相当でなく、捜索に至らない程度の行為は、強制にわたらない限り、所持品検査においても許容される場合があるとしている。しかし、それは状況のいかんを問わず常に許容されるものと解すべきでないことはもちろんであって、このような行為（承諾のない所持品検査）は、限定的な場合において、所持品検査の必要性、緊急性、これによって害される個人の法益と保護されるべき公共の利益との権衡などを考慮し、具体的状況のもとで相当と認められる限度においてのみ、許容されるとしている。この判例の趣旨からすれば、相手の承諾なしにバッグ等を開示し、又は衣服に手を差し入れて所持品を取り上げる行為は、捜索とみなされ、許容されることは少ないが、認められる余地がないわけではない。つまり、容疑犯罪の重大性、危険性、容疑の濃厚性、明らかに凶器や危険物の存在する可能性が極めて高い場合等、バッグ等を開示する行為の必要性、相当性、緊急性の高度な場合に限り、限定的な場合には肯定される余地は残されている。

× (7) 判例は、押収手続に違法があったとしても、直ちにその証拠物の証拠能力を否定する立場にたっておらず、「証拠物の押収等の手続に、憲法35条及びこれを受けた刑訴法218条1項等の所期する令状主義の精神を没却するような重大な違法があり、これを証拠として許容することが、将来における違法な捜査の抑制の見地からして相当でないと認められる場合においては、その証拠能力は否定される」としている。

(8)　所持品検査の意義は、所持品を外部から観察し、その内容
について質問すること、所持品の内容の開示を求めること、
衣服あるいは携帯品の外側に軽く手を触れて、質問すること
などの総称である。

(9)　いわゆる「大阪覚醒剤事件」は、覚醒剤中毒の疑いのある
者に対して職務質問を行った際、上衣内ポケットが膨らんで
いることから、提示を求めたが拒否され、相手が説得に応じ
ないので上衣内ポケット内に手を入れて、在中物を取り出し
たところ、覚醒剤であったので男を逮捕し、覚醒剤を差し押
さえたというものであるが、判例は、この所持品検査を、な
お適法なものと判断した。

(10)　所持品検査に応じない場合、できる限り相手を説得しても、
なおも理由なしに拒否する場合は、もはやとり得る方法はな
いといえる。

○ (8) 所持品検査の態様は、所持品を外部から観察し、その内容について質問すること、所持品の内容の開示を求めること、衣服あるいは携帯品の外側に軽く手を触れて、質問するなどと定義づけられているが、明確な定義はなく、また、論者により一義的ではない。

× (9) この事案の判断（最判昭53.9.7）は、承諾がないのにその上衣内ポケット内に手を入れて覚醒剤を取り出したうえ、検査した行為は、一般にプライバシー侵害の程度の高い行為であり、かつ、その態様において捜索に類するものであるから、具体的な状況のもとにおいては、相当な行為とは認めがたく、職務質問に付随する所持品検査の許容限度を逸脱した違法な行為としている（なお、証拠能力は認めた）。

× (10) 所持品検査に応じない場合、できる限り相手を説得し、承諾を求める工夫を行い、なおも理由もなしに拒否する場合は、質問時の矛盾点の発見に努めるとともに、衣服が膨らんでいるような場合は、軽く外部から手を当てるなどして、「この固いものは何ですか」、「刃物らしいが見せてくれますか」などと具体的に指摘し、相手に翻意を促し、併せてその挙動に注意を払い、質問を継続し、追及することが必要である。

Q

甲警察署管内で深夜スーパーを狙った拳銃使用の強盗致
傷事件（被害金額100万円）が発生し、緊急配備中、「手配
犯人に類似した男を発見し、職務質問をしているが、男は
同行に応じないばかりか、持っているカバンに対する所持
品検査も拒否している」との報告がなされた。このため、
刑事課員が応援に向かったが、とるべき措置について説明
しなさい。

〔答案構成〕

1　同行要求（任意同行）

　職務質問に際し、その場で質問をすることが本人に対して不
利であり、又は交通の妨害になると認められる場合においては、
質問するため、その者に附近の警察署、派出所又は駐在所に同
行することを求めることができる（警察官職務執行法2条2
項）。

　本人に対して不利であるとは、衆人環視の中で本人の名誉が
傷つけられる場合、悪天候である場合などである。交通の妨害
になると認められる場合とは、その場所で質問することが交通
の支障となる場合である。

　この場合の同行要求は、附近の派出所や警察署等に警察官と
ともに行くことを求めるということであり、強制的に同行させ
ることはできない（同条3項）。

　なお、相手方に同行を説得し、相手方がこれに渋々であって
も応じた場合には、なおも適法な同行であると解される。

2　職務質問に付随して行う所持品検査

　警察官職務執行法は、2条1項において同項所定の者を停止
させて質問することができると規定するのみで、所持品の検査
については明文の規定を設けていない。

　その態様も、所持品を外部から観察する行為、所持品につい
て質問する行為、所持品の提示又は開示を求め、承諾を得て検

118

査する行為等がある。

　所持品検査は判例によれば、職務質問に付随するものと認められている。つまり、所持品検査は、口頭による質問と密接に関連し、かつ職務質問の効果をあげるうえで必要性、有効性の認められる行為であるから、同条項による職務質問に付随してこれを行うことができ、そして所持品検査は、任意手段である職務質問に付随する行為として許容されるのであるから、所持人の承諾を得て、その限度においてこれを行うのが原則であるとされている。

　しかし、所持人の承諾のない限り所持品検査は一切許容されないと解するのは相当でなく、捜索に至らない程度の行為は、強制にわたらない限り、所持品検査においても許容される場合があると解すべきである。

　所持品検査にはこのような種々の態様のものがあるので、その許容限度を一般的に定めることは困難であるが、所持品について捜索及び押収を受けることのない権利は憲法35条の保障するところであり、捜索に至らない程度の行為であってもこれを受ける者の権利を害するものであるから、状況のいかんを問わず常にかかる行為が許容されるものと解すべきでない。

　したがって、承諾のない所持品検査は、限定的な場合において、所持品検査の必要性、緊急性、これによって害される個人の法益と保護されるべき公共の利益との権衡などを考慮し、具体的状況のもとで相当と認められる限度においてのみ、許容されるものと解すべきであるとされている。

3　本事例の検討

　(1)　同行に応じないことに対する対応

　　警察官職務執行法2条2項に基づく同行要求は、「本人に対して不利であり、又は交通の妨害になると認められる場合」であり、本件が果たしてその要件に該当するかどうかは明確でないが、仮にこの要件が備わっていない場合であったとしても、その同行要求は相手方の任意の承諾に基づき行われる限り適法であると解されている。

　　しかし、同行に応じない本件については、職務質問を継続し、容疑性を指摘するなどにより説得を継続し、あくま

で相手に同行に応ずる意思を生じさせるほかはないといえる。

(2) 所持品検査を拒否していることに対する対応

　承諾のない所持品検査は、限定的な場合において、所持品検査の必要性、緊急性、これによって害される個人の法益と保護されるべき公共の利益との権衡などを考慮し、具体的状況のもとで相当と認められる限度においてのみ、許容されるものであるから、具体的事案に即応して判断することになる。

　本件の場合、深夜スーパーを狙った拳銃使用の強盗致傷事件であり、被害金額も現金100万円という高額なものであり、手配犯人に類似していること、同行を拒否していることなどから、職務質問を継続し、さらに容疑が濃厚となってくる状況等にあるならば、本件のバッグに対する所持品検査は、たとえ相手の承諾が得られなくとも容疑犯罪の重大性、危険性、容疑の確実性、凶器等の存在の可能性等を考慮して高度の必要性が肯定される場合に限って認められよう。

10 自動車検問

組 立 て

自動車検問

― 意 義

犯罪の予防、検挙のため、走行中の自動車を
停止させて、自動車の見分や運転者等に対する
質問を行うことである。

― 種類と根拠

― 緊急配備検問

犯罪発生時、刑訴法を根拠としてその犯罪に
ついての質問、必要な取調べを行うため、停止
を求め得る。

― 警戒検問

① 走行状態から車両の具体的異常を認める場
合は、職務質問の要件を満たし、停止を求め
得る。

② 異常を認めない車両は、警察責務達成上必
要な範囲で、任意の協力、相手方に過重な負
担でないことなどを要件として認められる。

― 交通検問

・無免許運転等についての危険防止の措置

・乗車、積載等についての危険防止の措置

・整備不良車両に該当すると認めるとき

1　自動車検問の意義

　自動車検問とは、犯罪の予防、検挙のため、警察官が走行中の車両を停止させて、自動車の見分及び運転者、同乗者に対する質問を行うことである。

2　自動車検問の種類と根拠

　自動車検問は極めて重要な活動であるが、これを具体的に規定した法律はなく、検問の目的によって根拠となる法律が異なる。

緊急配備検問（刑事訴訟法197条）

　緊急配備は、犯罪発生時の捜査活動のひとつであるから、車両の特徴等が特定されている場合は、当該犯罪についての質問、必要な取調べを行うため、停止を求めることができる。

警戒検問

○　一般の検問（警察法2条）

　　車両に何ら異常が認められない場合や、不特定の一般犯罪の予防、検挙を目的とする場合は、警察の責務を達成するために任意活動として行うことができる。

　　すなわち、

　・警察の責務達成上必要であること。

　・目的達成のために必要最小限度の範囲であり、社会通念上是認できるものであること。

　・相手方の不利益を上回る公益上の必要性があること。

　の要件を満たす限り、強制にわたらない範囲で認められることになる。

○　職務質問としての検問（警察官職務執行法2条1項）

　　車両に具体的異常を外部から現認できる場合は、職務質問として行うことができる。

　　すなわち、強制にわたらない限度で実力を行使することも認められるから、単に合図を送って停止することを求めるだけでなく、

・自動車の運転席ドアに手をかけて制止する。

・自動車等を用いて追跡し、道路端に誘導停車させる。

・前後からはさみ打ちにして停車させる。

・自動車の窓から手を入れてスイッチを切る。

といったことも、個々の具体的状況の下で必要かつ相当とされる限度で行うことができるとされている。

ワンポイント 車両の具体的異常とは、盗難車両、手配車両と類似する車両、外観に損傷痕等不審な点がある車両など、何らかの犯罪を犯し、若しくは犯そうとしていると疑うに足りる理由のある場合である。

交通検問

○ 無免許運転等についての危険防止の措置（道路交通法67条）

○ 乗車、積載等についての危険防止の措置（　〃　61条）

○ 整備不良車両に該当すると認めるとき（　〃　63条）

注 〈交通取締りのための一斉検問〉 交通違反が多発する地域等の適当な場所において、短時分の停止を求めて、運転者などに必要な事項についての質問等を行うことは、それが相手方の任意の協力を求める形で行われ、自動車利用者の自由を不当に制約することにならない方法、態様で行われる限り適法（判例）。

判例　交通取締りのための一斉検問の適法性　最決昭55.9.22

警察法2条1項が「交通の取締」を警察の責務として定めていることに照らすと、交通の安全及び交通秩序の維持などに必要な警察の諸活動は、任意手段による限り、一般的に許容されるべきものであるが、それが国民の権利、自由の干渉にわたるおそれのある事項にかかわる場合には、任意手段によるからといつて無制限に許されるべきものでないことも同条2項及び警察官職務執行法1条などの趣旨にかんがみ明らかである。

警察官が、交通取締の一環として、交通違反の多発する地域等の適当な場所において、交通違反の予防、検挙のため、同所を通過する自動車に対して走行の外観上の不審な点の有無にかかわりなく短時分の停止を求めて、運転者などに対し必要な事項についての質問などをすることは、それが相手方の任意の協力を求める形で行われ、自動車の利用者の自由を不当に制約することにならない方法、態様で行われる限り、適法である。

3 適法性の限界

自動車検問のうち、当該車両について具体的異常を外部から現認できる場合

　警察官職務執行法2条1項の職務質問の要件を満たすから、自動車を停止させることができると解される。

　この停止には、
　○　走行中の車両を停止させること
　○　一度停止させた後に発進することを防止すること
の双方が含まれ、強制にわたらない限度で実力を行使することが認められるから、単に合図を送って停止するように求めることだけでなく、
　○　自動車の運転席ドアに手をかけて制止する（東京高判昭34.6.29）
　○　逃走しようとした車両のハンドルをつかむ（東京高判昭45.11.12）
　○　前後からはさみ打ちにして停車させる（名古屋高判昭52.6.30）
　○　自動車の窓から手を入れてスイッチを切る（最決昭53.9.22）
といったことも、個々の具体的状況の下で必要かつ相当とされる限度で行うことができるとされている。

外部から何ら異常が現認されていない車両を停止させる場合

　警察官職務執行法の職務質問の要件を満たしているとはいえない。しかし、任意活動については、警察の責務を達成するのに必要な範囲で行うことがもともと可能であり、個々の法律の具体的根拠を要しない。

　職務質問の要件を満たさない車両検問について、
　○　警察の責務達成上必要であること
　○　目的達成のために必要最小限度の範囲であり、社会通念

上是認できるものであること

○　相手方の不利益を上回る公益上の必要性があること

の要件を満たす限り、強制にわたらない範囲で認められる。

参考判例

<table>
<tr><td>自動車検問　大阪高判昭38.9.6</td></tr>
<tr><td>　犯罪を犯し、若しくは犯そうとしている者が自動車を利用しているという蓋然性のある場合であり、自動車の停止を求めることが公共の安全と秩序の維持のために自動車利用者の自由を制限してもやむを得ないものとして是認される場合には、職務質問の前提として、強制にわたらない限度で、自動車の停止を求めることができる。</td></tr>
<tr><td>自動車検問　東京高判昭48.4.23</td></tr>
<tr><td>　警察官は、道路交通法67条1項及び警職法2条1項により自動車運転者に対する検問ないし職務質問の権限を与えられているものであって、個々の自動車について検問の合理的必要性があり、かつ、その方法が適切であって、自動車運転者に対する自由の制限が最小限度にとどめられる場合には、職務質問の要件の存否確認のため自動車の停止を求め、又は停車を指示することもできる。</td></tr>
</table>

Q

次のうち、正しいものには〇、誤っているものには×を記せ。

(1) 自動車検問とは、犯罪の予防、検挙のため、警察官が走行する車両を停止させて、車両の見分や運転者等に対して、質問などを行うことであり、その根拠や定義については、警察官職務執行法に規定されている。

(2) 自動車検問を行うためには、車両を停止させることが必要となるが、この根拠としては、道路交通法、警察官職務執行法、刑事訴訟法、警察法等がある。なお、道路交通法以外の行政法規においても、警察官に車両を停止させる権限を与えた規定がある。

(3) 走行中の外観からは、格別不審を認められない車両に対する、一斉交通検問は、それが相手方の任意の協力を求める形で行われ、自動車の利用者の自由を不当に制約することにならない方法、態様で行われる限り、適法である。それは、警察法2条1項が「交通の取締」を警察の責務としていることから導かれるもので、判例の態度でもある。

(4) 道路交通法において、車両等の停止を認めたものは、無免許運転等をしていると認められるときの危険防止の規定（67条）のみである。

(5) 警察官職務執行法の職務質問の要件を具備している場合の車両の停止は、あくまで任意の協力を求めて行うべきであるから、その方法として、合図を送って停止させることに限られる。

× (1)　自動車検問は、現在の交通情勢や犯罪情勢に的確に対応する
ために、極めて重要な活動であるが、具体的に規定した法律は
ない。

○ (2)　道路交通法以外の行政法規において車両の停止権限を与えた
ものとして、消防法や火薬類取締法等がある。

○ (3)　判例（最決昭55.9.22）は、交通一斉検問について「警察官が、
交通取締の一環として、交通違反の多発する地域等の適当な場
所において、交通違反の予防、検挙のための自動車検問を実施
し、同所を通過する自動車に対して走行の外観上の不審な点の
有無にかかわりなく、短時分の停止を求めて、運転者などに対
し、必要な事項についての質問などをすることは、それが相手
方の任意の協力を求める形で行われ、自動車の利用者の自由を
不当に制約することにならない方法、態様で行われる限り、適
法なものと解すべき」としている。

× (4)　道路交通法において認められた車両等の停止権は、無免許運
転等についての危険防止の措置（67条）、乗車、積載等につい
ての危険防止の措置（61条）、整備不良車両に該当すると認め
るとき（63条）に根拠を有している。

× (5)　停止には、走行中の車両を停止させること、一度停止させた
後に発進することを防止することの双方が含まれるから、具体
的な方法として、合図を送って停止させること、自動車の窓か
ら手を入れてスイッチを切ること、前後からはさみ打ちして停
止させることも、具体的な状況の下で、必要かつ相当とされる
限度で行うことができる。

(6)　通過する車両のすべてに対して、走行中の外観等の不審点の有無にかかわりなく、赤色灯を回して合図をして停止を求める検問において、停車後、酒臭がしたところからアルコール検知を行い、酒気帯び運転で検挙した事案で、車両の停止を求めたことの適法性が争われたが、最高裁は、適法な行為であると判示している。

(7)　刑事訴訟法（197条、198条など）を根拠とする場合と、警察官職務執行法2条を根拠とする場合でも、停止を求めること自体本質的な差異はない。

(8)　警察法2条は、組織体として警察が担任すべき事務の範囲を明らかにしたものであって、個々の警察官の権限を定めたものではなく、警察官の行使する手段は、警察官職務執行法、刑事訴訟法その他の権限法に明記されたものでなければならないという説があるが、この説によれば、警察法2条に基づいて車両の停止はできないことになるが、妥当な見解とはいえない。

(9)　自動車検問には、交通検問、警戒検問、緊急配備検問があるが、これはその目的から大別したもので、停止を求める根拠は、いずれも同じである。

(10)　自動車検問において、運転免許証の提示を求めているが、その根拠を明確に示すものは、道路交通法67条1項があるのみで他の法令には存しない。

○ (6) それが相手方の任意の協力を求める形で行われ、自動車の利用者の自由を不当に制約することにならない方法、態様で行われる限り、適法なものと解すべきであるとしている。

× (7) 車両の停止を刑事訴訟法に基づく任意捜査として行う場合と警察官職務執行法2条に基づいて行う場合とは、停止行為自体に明確な差異がある。つまり、前者は捜査の対象となる犯罪が特定されているのに対して、後者は「何らかの犯罪」に関して行うものだからである。

○ (8) 警察官が警察責務を遂行するためには、相手方に義務を課したり、実力を用いたりすることのほか、指導、案内、その他各種の手段を用いる必要がある。後者のような行為は、これが警察の責務の範囲内のものであれば、特別の法令の規定を待たずになし得るのであり、この意味では、警察法2条は、警察官が具体的に任務を遂行するためにとるべき警察手段の一般的な根拠規定といえる。したがって、車両の停止も、同条から導くことができる。

× (9) 自動車検問は、その目的から、交通検問、警戒検問、緊急配備検問に大別できるが、これらの法的根拠は、これらの目的や、形態と絡みあって、それに応じて異なるものであり、画一的ではない。

○ (10) 運転免許証の提示を求める法的根拠は、道路交通法67条1項である。この規定以外には、その旨を明らかにしたものはないが、それが相手方の任意の協力を求める形で行われ、自動車利用者の自由を不当に制約するものでない限り、問題はない。

Q

外観上不審点のない車両について自動車検問を行うこと
ができるか、論点を挙げながら述べよ。

〔答案構成〕

1 自動車検問の意義

自動車検問という用語は、法令上のものではなく、実務上、
犯罪の予防、検挙のために警察官が走行中の車両（自動車）を
停止させて、運転者等に対する必要な事項を質問するなどの行
為である。

2 根 拠

走行中の外観から何らかの異常を認める場合は、職務質問の
要件を満たしているし、また、道路交通法等にその要件が規定
されているが、本問のように外観から何らの異常を認めない車
両に対する検問を行う場合の根拠については、これまで見解の
相違があった。

つまり、いわゆる無差別検問に当たり、許されないとする見
解、警察官職務執行法上の職務質問の要件を確認するためにな
し得るとする警察官職務執行法2条1項説、警察の責務として
犯罪の予防、鎮圧等が規定されていることを理由に許されると
する警察法2条説があったが、判例（最決昭55.9.22）は、交
通違反の予防、検挙のための自動車検問について、警察法2条
1項が交通の取締りを責務としていることを挙げ、一定の要件
の下で適法としていることから、警察法2条説によったものと
解される。

3 判例の内容

判例は、走行の外観上の不審な点の有無にかかわりなく行う
検問につき、次のような一定の要件を掲げ、その下に許容され
るとした。

「警察法2条1項が交通の取締りを警察の責務として定めて
いることに照らすと、交通の安全及び交通秩序の維持などに必

要な警察の諸活動は任意手段による限り、一般的に許容される
べきものである。……自動車の運転者は、公道において自動車
を利用することを許されていることに伴う当然の負担として、
合理的に必要な限度で行われる交通の取締りに協力すべきもの
であること、その他現時における交通違反、交通事故の状況な
どを考慮すると、警察官が、交通取締りの一環として交通違反
の多発する地域等の適当な場所において、交通違反の予防、検
挙のための自動車検問を実施し、同所を通過する自動車に対し
て走行の外観上の不審な点の有無にかかわりなく、短時分の停
止を求めて、運転者などに対し必要な事項についての質問など
をすることは、それが相手方の任意の協力を求める形で行われ、
自動車の利用者の自由を不当に制約することにならない方法、
態様で行われる限り、適法なものと解すべきである。」

4　犯罪の予防検挙を目的とする警戒検問の問題

　判例は、自動車利用を許されたことによる負担として交通取
締りに協力すべきものであることなどを理由に挙げていること
から、交通検問のみを認めたものとする見解があるが、その部
分は検挙を行い得る態様を判断する際の利益較量の一要素とし
てあげられていると解されるから、判例全体の趣旨からすると、
警戒検問についての判例はないが、交通検問に限らず、いわゆ
る不特定の犯罪の予防検挙の観点から行われる警戒検問につい
ても、警察法2条1項が犯罪の予防を警察の責務として定めて
いることに照らすと、その要件を妥当しうるものと解される。

5　停止後の措置

　このようにして、車両を停止させた場合、職務質問の要件が
確認されたり、特定の犯罪が発覚するなどした場合は、それぞ
れ警察官職務執行法、刑事訴訟法等に基づき、事後の措置が行
われることはいうまでもない。

自動車検問における適法性の限界について述べよ。

〔答案構成〕

　自動車検問のうち、当該車両について具体的異常を外部から現認できる場合には、警職法2条1項の職務質問の要件を満たすから、これに基づいて自動車を停止させることができるものと解されている。

○　自動車の運転席ドアに手をかけて制止する（東京高判昭34.6.29）

○　逃走しようとした車両のハンドルをつかむ（東京高判昭45.11.12）

○　前後からはさみ打ちにして停車させる（名古屋高判昭52.6.30）

○　自動車の窓から手を入れてスイッチを切る（最決昭53.9.22）

といったことも、個々の具体的状況の下で必要かつ相当とされる限度で行うことができるとされている。

　これに対し、外部から何ら異常が現認されていない車両を停止させることは、警職法の職務質問の要件を満たしているとはいえないため、いかなる根拠に基づいて行うことができるかが問題となる。

　しかし、任意活動については、警察の責務を達成するのに必要な範囲で行うことがもともと可能であり、個々の法律の具体的根拠を要しないのであるから、職務質問の要件を満たさない車両検問についても、

○　警察の責務達成上必要であること

○　目的達成のために必要最小限度の範囲であり、社会通念上是認できるものであること

○　相手方の不利益を上回る公益上の必要性があること

の要件を満たす限り、強制にわたらない範囲で認められる。

11 凶器の捜検

組 立 て

凶器の捜検

趣　旨（警察官職務執行法2条4項）

　　逮捕されている者については、警察官の危険防止、相手の自傷防止のため、凶器を所持しているかどうかを調べることができる。

凶器の意義

　　社会通念上人を殺傷するに足りる性能を有する器具をいう。本来の凶器（銃砲、刀剣類、爆発物類）のほか、用法によって殺傷することができるもの（キリ・千枚通し等）も含まれる。

刑事訴訟法との関係

○　警察官職務執行法～警察官の危険防止、被逮捕者の自傷防止が目的

○　刑事訴訟法～捜査手続が目的

凶器の捜検の対象

　　被逮捕者、勾留状又は収容状の執行を受けた者

1　趣　旨

警察官職務執行法2条4項は、「警察官は、刑事訴訟に関する法律により逮捕されている者については、その身体について凶器を所持しているかどうかを調べることができる。」と定め、警察官の危険防止と被逮捕者本人の自傷防止のために、警察官に凶器を捜す権限を与えた。所持品検査と異なり、即時強制の一つであり、本人の意思に反して強制的に行うことができる。

この規定は、職務質問や同行要求に直接関連するものではないが、質問の結果、容疑が明らかになり、逮捕した場合に、その場で凶器の有無を検査、確認することが多いことを予想し、同条項に規定されたものと考えられる。

ワンポイント　本項では、凶器を発見した場合の措置について特に規定していないが、警察官の危険防止、本人の自傷防止のための規定であるから、これを取り上げ、保管することも認めたものと解される。

2　凶器の意義

社会通念上人を殺傷するに足りる性能を有する器具をいう。本来の凶器（銃砲、刀剣類、爆発物類）のほか、本来の性能、用途からは人を殺傷するものでなくとも、用法によって殺傷することができるもの、いわゆる用法上の凶器（キリ・千枚通し等）も含まれる。

3　刑事訴訟法との関係

刑事訴訟法は、身体検査について218条に、逮捕の現場で被疑者に対する捜索等を規定しているので、これとの関係が問題となる。

しかし、警察官職務執行法に規定する凶器の捜検は、逮捕にかかわる警察官の危害防止、被疑者自らの自傷防止のために定められたものであり、刑事訴訟法の例外を定めたものでも、また逮捕に伴う当然の効果を確認的に定めたものでもないと考え

られる。

つまり、本項の凶器の捜検は、あくまで警察官の危害防止、被逮捕者本人の自傷防止という目的の必要な範囲内で行うべきものであり、証拠保全のために行われるものとは本質的に異なるものである。

したがって、被疑者に対する身体の捜索等を捜査上の必要から行う場合は、裁判官の発する令状に基づく処分として、あるいは逮捕の現場における捜索等により行う必要があるのである。

なお、逮捕された被疑者について、本項に基づく凶器の捜検と、必要があるときに行われる逮捕の現場における捜索等が外形的に重なり合うことも生ずるが、あくまで前者は危険防止、自傷防止のために行われるのであり、後者は捜査手続のためであることに留意すべきこととなる。

したがって、凶器が当該逮捕事実についての証拠物であれば刑事訴訟法に基づき差し押さえることとなり、その他の逮捕事実にかかわらないものは、取り上げ保管すべきものと解されよう。

	警職法2条4項	刑訴法218条
凶器捜検の目的	・警察官の危険防止 ・被逮捕者の自傷防止	証拠物の発見・保全

4 凶器の捜検の対象

凶器の捜検は、「刑事訴訟に関する法律により逮捕されている者」について行うことができるから、私人が逮捕して警察官がその引渡しを受けた場合にも行うことができ、また、逮捕された被疑者以外の刑事訴訟法の規定による被拘束者(勾留状、収容状の執行を受けた者)は刑事訴訟法上は「逮捕」ではないが、規定の趣旨から逮捕された者に含まれる。

Q

次のうち、正しいものには〇、誤っているものには×を記せ。

(1) 警察官職務執行法2条4項は、「警察官は、刑事訴訟に関する法律により逮捕されている者については、その身体について凶器を所持しているかどうかを調べることができる。」として凶器の捜検を規定しているが、これは、いわば所持品検査の一態様として考えるべきである。

(2) 凶器の捜検の対象となる凶器とは、本来的に人を殺傷するに足る銃砲、刀剣類、爆発物類を指している。

(3) 凶器の捜検の規定の趣旨は、その規定の内容からして証拠保全のためになされる捜査手続の一態様である。

(4) 凶器を発見した場合の措置については規定されていないので、発見した場合は、それを確認したうえで、再び本人に還付するのが法の建前である。

(5) 凶器の捜検を行う場合は、法文上「警察官は、刑事訴訟に関する法律により逮捕されている者については、その身体について凶器を所持しているかどうかを調べることができる。」としていることから、あくまで相手の承諾を求めて任意に行う必要がある。

(6) 警察官職務執行法2条4項は、同条の職務質問や同行要求に直接関連するものではないが、質問の結果、逮捕事由を発見して逮捕した場合に、その場で凶器の有無を確かめることが必要となることが多いと考えられたためである。

解　答

× (1) 警察官職務執行法2条4項の凶器の捜検の規定は、即時強制の一つであり、職務質問に付随して行う所持品検査とは本質的に異なるものである。

× (2) 凶器の捜検の対象となる凶器は、本来的に人を殺傷するに足る銃砲、刀剣類、爆発物類等のほか、本来の性能、用途からは人を殺傷するものでなくとも、キリ・千枚通しなどのように用法によって殺傷することができるものも含まれる。

× (3) 凶器の捜検は、証拠保全のためになされる捜査手続ではなく、警察官の危険防止、相手の自傷防止のためのものである。当然、証拠保全のためになされる行為については、捜査手続法である刑事訴訟法に基づくべきものである。

× (4) 凶器を発見した場合の措置については、特に規定されていないが、その実効を期するため危険防止、自傷防止のために、これを取り上げ、保管することも認めたものと解される。

× (5) 本規定は、警察官の危険防止と被逮捕者本人の自傷防止のために、警察官に凶器を捜す権限を与えたものであり、いわゆる所持品検査と異なり、即時強制の一つであり、本人の意思に反して強制的に行うことができるのである。

○ (6) 警察官職務執行法2条4項が同条の職務質問や同行要求の規定に続いて設けられたのは、そのように考えられている。

(7)　警察官職務執行法2条4項と刑事訴訟法との関係について
　　は、本項は、警察官の危害防止、被疑者自らの自傷防止とい
　　う目的のために定められたものであり、いわば刑事訴訟法の
　　例外を定めたものと解されている。

(8)　職務質問の結果、被疑事実が明らかとなり、逮捕された被
　　疑者について、本項に基づく凶器の捜検と逮捕の現場におけ
　　る捜索等を行ったところ、本件被疑事実に関する凶器を発見
　　したので、これを取り上げ保管することとした。

(9)　凶器の捜検は、「刑事訴訟に関する法律により逮捕されて
　　いる者」について行うことができるとしているが、これには
　　勾留状、収容状の執行を受けた者も含まれている。

(10)　刑事訴訟法以外の規定により身体を拘束された者、例えば、
　　警察官職務執行法により保護された者が凶器を所持している
　　ことが明らかになった場合は、同法2条4項を類推して身体
　　の捜検をすることができる。

× (7) 警察官職務執行法2条4項と刑事訴訟法との関係については、本項は、警察官の危害防止、被疑者自らの自傷防止のために定められたものであり、刑事訴訟法の例外を定めたものでもなく、また逮捕に伴う当然の効果を確認的に定めたものでもないと解されている。

× (8) 逮捕された被疑者について、本項に基づく凶器の捜検と逮捕の現場における捜索等を行うことは、実務上もあり得るが、あくまで前者は危害防止、自傷防止のためであり、後者は捜査手続のためであることに留意すべきである。そして、凶器が当該逮捕事実についての証拠物であれば刑事訴訟法に基づき差し押さえることとなり、その他の逮捕事実に係らないものは、取り上げて、保管すべきものと解される。

○ (9) 凶器の捜検を行うことのできる対象は、「刑事訴訟に関する法律により逮捕されている者」とあるが、私人が逮捕して警察官がその引渡しを受けた場合にも行うことができるし、また、逮捕された者以外に、刑事訴訟法の規定による被拘束者（勾留状、収容状の執行を受けた者）も「逮捕」ではないが、規定の趣旨から逮捕された者に含まれると解される。

× (10) 刑事訴訟法以外の規定により身体を拘束された者については、警察官職務執行法2条4項による身体の捜検を行うことはできないし、またその類推もできない。例えば、警察官職務執行法により保護された者が凶器を所持していることが明らかになった場合、凶器を調べる権限は保護の必要上、その限度で許容されるに過ぎないと解される。

> **Q**
> 　警察官職務執行法2条4項は「逮捕されている者に対する凶器の捜検」を規定しているが、本項の内容について説明し、併せて刑事訴訟法218条及び220条との違いについても、言及せよ。

〔答案構成〕

1　警察官職務執行法に定める凶器の捜検

　警察官職務執行法2条4項の趣旨は、警察官の危険防止と被逮捕者本人の自傷事故防止にあり、即時強制の一つである。

　凶器とは、社会通念上人を殺傷するに足りる性能を有する器具のほか、本来の用途からは人を殺傷するものでなくとも、用法によっては人を殺傷することができるものも含まれる。

　また、凶器の捜検は「逮捕されている者」のほか、私人が逮捕して引渡しを受けた場合、また、勾留状、収容状の執行を受けた者も対象となる。

2　刑事訴訟法218条及び220条との違い

　警察官職務執行法に基づく「凶器の捜検」とは、警察官の危害防止・被逮捕者の自傷防止のためなされる処分であり、その目的達成に必要な範囲で行わなければならない。

　これに対して、刑事訴訟法218条（令状による処分）や220条（逮捕の現場における捜索差押等）は、捜査上の必要があるときに、証拠品の発見保全という観点からなされる捜査上の処分であり、凶器の捜検とは、本質的にその目的が異なるものである。

　なお、逮捕された被疑者については、凶器の捜検と逮捕の現場における捜索等が重なり合うことも生ずるが、その目的は峻別されるべきものであり、その結果、当該逮捕にかかる証拠物が凶器である場合は押収し、それ以外の凶器の場合は法文上規定していないが、危険防止、自傷防止のために、警察官がこれを取り上げ、保管することになる。

12 保 護

組 立 て

```
       ┌ 意　義
       │    国民の生命、身体及び財産を保護すること
       │
       │
       │          ┌ 警職法 3 条
       │          │    精神錯乱者・泥酔者で自傷他害のおそれのある
       │          │    者、迷い子・病人・負傷者等で応急の救護を要
       │          │    すると認められる者（迷い子・病人・負傷者に
       │          │    あっては、本人がこれを拒んだ場合を除く）
       │          │
       │          │
  保   │   法     ├ 酩規法 3 条
       │   的     │    公共の場所又は乗物において粗野又は乱暴な言
       │   根     │    動をしている酩酊者で応急の救護を要する者
       ├   拠     │
       │          │
       │          ├ 精神保健福祉法23条、39条
       │          │    精神障害者の無断退去者で探索を求められた者
  護   │          │
       │          │
       │          └ 警察法 2 条
       │               家出人、自殺企図者、遭難者等で本人又は家族
       │               から依頼がある者
       │
       │
       └ 警職法と酩規法の保護の差異
```

1 保護の意義

すべて国民は、個人として尊重され、国民生活の基本をなす生命、身体及び財産を保護することは警察に与えられた責務である。

2 法的根拠

警察官職務執行法（警職法）3 条

○ 警察官は、異常な挙動その他周囲の事情から合理的に判断して次の各号のいずれかに該当することが明らかであり、かつ、応急の救護を要すると信ずるに足りる相当な理由のある者を発見したときは、取りあえず警察署、病院、救護施設等の適当な場所において、これを保護しなければならない。

① 精神錯乱又は泥酔のため、自己又は他人の生命、身体又は財産に危害を及ぼすおそれのある者

ワンポイント

・「精神錯乱状態の者」→精神に異常を来した者。精神疾患者に限らず、異常に興奮した状態にある者や薬物の影響が出た者なども含む。

・「泥酔者」→アルコールの影響により、正常な判断・意思能力を欠いた状態にある者

② 迷い子、病人、負傷者等で適当な保護者を伴わず、応急の救護を要すると認められる者（本人がこれを拒んだ場合を除く。）

ワンポイント

・「迷い子、病人、負傷者等」→自らで自らの生命、身体、財産を守ることができない者を指す。

・「本人がこれを拒んだ場合を除く」→本人が明白に拒んだ場合は強制的に保護できない。しかし、意思能力のない幼児の場合などは拒否するような言動があったとしても保護できる。

酒に酔つて公衆に迷惑をかける行為の防止等に関する法律（酩規法）3条

○ 警察官は、酩酊者が、道路、公園、駅、興行場、飲食店その他の公共の場所又は汽車、電車、乗合自動車、船舶、航空機その他の公共の乗物において、粗野又は乱暴な言動をしている場合において、当該酩酊者の言動、その酔いの程度及び周囲の状況等に照らして、本人のため、応急の救護を要すると信ずるに足りる相当の理由があると認められるときは、とりあえず救護施設、警察署等の保護するのに適当な場所に、これを保護しなければならない。

精神保健及び精神障害者福祉に関する法律23条、39条

○ 警察官は、職務を執行するに当たり、異常な挙動その他周囲の事情から判断して、精神障害のために自身を傷つけ又は他人に害を及ぼすおそれがあると認められる者を発見したときは、直ちに、その旨を、最寄りの保健所長を経て都道府県知事に通報しなければならない。
○ 精神科病院の管理者は、入院中の者で自身を傷つけ又は他人に害を及ぼすおそれのあるものが無断で退去しその行方が不明になったときは、所轄の警察署長に次の事項を通知してその探索を求めなければならない。
① 退去者の住所、氏名、性別及び生年月日
② 退去の年月日及び時刻
③ 症状の概要
④ 退去者を発見するために参考となるべき人相、服装その他の事項
⑤ 入院年月日
⑥ 退去者の家族等又はこれに準ずる者の住所、氏名その他厚生労働省令で定める事項
○ 警察官は、前項の探索を求められた者を発見したときは、直ちに、その旨を当該精神科病院の管理者に通知しなければならない。この場合において、警察官は、当該精神科病院の管理者がその者を引き取るまでの間、24時間を限り、その者を、警察署、病院、救護施設等の精神障害者を保護するのに適当な場所に、保護することができる。

> **警察法2条1項**
>
> ○ 警察官職務執行法3条の保護対象者に該当しないような場合、例えば、家出人、自殺企図者の場合は、同法を根拠として保護することはできないが、一般の任意活動として、個人の生命、身体及び財産の保護のため必要である限り、警察としては、強制にわたらない程度の必要な説得を行い、警察署等に同行を求め、家族等に連絡するなどの措置を講ずることができるといえる。

③ 警職法と酩規法の保護の差異

	警職法	酩規法
保護対象	泥酔者	泥酔に至らない酩酊者
保護要件	① 異常な挙動その他周囲の状況から合理的に判断して泥酔のため自己又は他人の生命、身体、財産に危害を及ぼすおそれのあること。 ② 応急の救護を要すると信ずるに足りる相当な理由のあること。	① 酩酊者が公共の場所又は乗物において粗野又は乱暴な言動をしていること。 ② 本人のために応急の救護を要すると信ずるに足りる相当の理由があること。
行われた行為の場所	場所的制限はない。	公共の場所又は公共の乗物
保護時間の制限	原則として24時間を超えない。ただし、簡易裁判所裁判官の許可状のある場合はその時間内。（着手した日を1日と計算して最大限5日）	24時間を超えることはできない。 （延長できない）

参考判例

酩規法 5 条 1 項の「制止」の意義　大阪高判昭37.11.21

酒に酔つて公衆に迷惑をかける行為の防止等に関する法律 5 条 1 項についてみるのに、同項によれば、警察官は酩酊者が同法 4 条 1 項の罪すなわち公共の場所または乗物において公衆に迷惑をかけるような著しく粗野または乱暴な言動を現にしているのを発見したときはその者の言動を制止しなければならないこととされている。ところで、警察官が右のような違法な言動が現に行われているのを発見した場合当該酩酊者に対し単に口頭でその自制を促がすなど強制にわたらない限度でそのような言動を防止する措置を採るだけならば、右 5 条 1 項の規定をまつまでもなく、これをなしうることは当然である。してみると、同法が特に右の規定を設け、しかも同条項にいわゆる「制止」をその警察官の権限とするにとどまらず、さらにその義務とまでしたのは、その必要な限度を越えないかぎり（同法10条参照）、当該酩酊者の意思に反し強制的手段によつてでもさような言動を制圧阻止し、もつて一般公衆の保護に万全を期せしめようとの趣旨によるものというべく、従つて、こゝに「制止」とは強制的手段すなわちいわゆる実力による制圧阻止をいうものと解すべきである。

保護要領及び手続等

☐ 保護に当たっては、その者が保護を要するものであるかどうか的確に判断するとともに、保護に当たっては、誠意をもってし、基本的人権を侵害することのないよう細心の注意を払うものとする。

☐ できるだけすみやかに、その者の家族、知人その他の関係者にこれを通知し、その者の引取方について必要な手配をしなければならない。

☐ 保護主任者は、保護の報告を受けた時は、被保護者の年齢、性別、疾病の状況、周囲の事情等を総合的に判断して、被保護者の保護のため最も適当と認められる場所（保護室）を指示する。

☐ 保護に着手した場所から保護の場所まで被保護者を同行する場合においては、人目に立たないようにする等被保護者の不利とならないように、配意するものとする。

☐ 被保護者の家族等に通知してその引取方について必要な手配をしようとするに当たり、被保護者がその住所又は居所・氏名を申し立てることができないか、又は申し立てても確認することができない場合で、他に方法がないと認められるときは、被保護者が拒まない限り、保護主任者の指揮を受けたうえ、保護の場所において立会人を置き、必要な限度で、被保護者の所持品等について、その住所又は居所・氏名を確認するための措置をとり得る。

☐ 保護に当たっては、被保護者が負傷、自殺、火災その他自己又は他人の生命、身体又は財産に危害を及ぼす事故を起こさないように注意する。

☐ 被保護者が凶器、毒物、劇物等自己又は他人の生命、身体又は財産に危害を及ぼすおそれのある物（危険物）

を所持している場合において、事故を防止するためやむを得ないと認められるときは、そのやむを得ないと認められる限度で、その危険物を保管するものとする。なお、病人、負傷者等については、その承諾を得て行うものとする。

□ 被保護者に所持させておいては、紛失し、又は破損するおそれがあると認められる現金その他の貴重品についても、つとめて保管するようにする。

□ 保管した危険物又は貴重品は、その品名、数量、保管者を被保護者に係る保護カードに記載して、その取扱状況を明確にしておき、法令により所持することを禁止されているものを除き、被保護者を家族等に引き取らせる場合又は保護を解く場合において、その引取人又は本人に返還する。

□ 被保護者を保護室に収容した場合においては、保護主任者は、被保護者の数、状況等を総合的に判断し、所要の警察官を指定し、保護に当たらせるものとする。

Q

次のうち、正しいものには○、誤っているものには×を記せ。

(1) 警察官職務執行法３条１項は、精神錯乱者等で応急の救護
を要するものについて、警察官が、これを保護しなければな
らないとしているが、この「保護しなければならない」とは、
保護する努力義務を課したものと解されている。

(2) 保護の対象は、異常な挙動その他周囲の事情から合理的に
判断して、精神錯乱又は泥酔のため自己又は他人の生命、身
体又は財産に危害を及ぼすおそれのある者（１号該当者）、
迷い子、病人、負傷者等で適当な保護者を伴わず、応急の救
護を要すると認められる者（本人がこれを拒んだ場合を除
く。）（２号該当者）のいずれかに該当することが明らかであ
り、かつ、応急の救護を要すると信ずるに足りる相当の理由
のあるものである。その要件を満たしているか否かの判断は、
警察官自身の主観的なものでさしつかえないと解されてい
る。

(3) 保護対象としての「精神錯乱」の状況にある者とは、その
文言のとおり、精神病者に限定される趣旨である。

(4) 保護対象としての「泥酔者」とは、アルコールの影響によ
り、正常な判断能力・意思能力を欠いた状態にある者を意味
する。医学上は、酩酊の度を分けて、発揚期、麻痺期、泥酔
期と区別することも可能であり、ここでいう泥酔期にある者
がこれに該当する。

(5) 「迷い子、病人、負傷者等で適当な保護者を伴わず、応急
の救護を要すると認められる者」の場合、本人がこれを拒ん
だ場合は除かれるが、幼児が「いやだ、いやだ」と言ってい
る場合には、本人が拒絶したことにはならず、保護の対象と
することができる。

× (1)　法律上「保護しなければならない」としている意は、要件を満たしたときは、警察官が権限を有すると同時に、職務上保護すべきことが当然の任務となることを示したものである。

× (2)　保護の対象としての要件を満たしているか否かの判断は、警察官の主観的、恣意的なものであってはならず、異常な挙動（不自然な動作、態度等）や周囲の状況（時間的、場所的等）をもとに、客観的かつ合理的に行われなければならない。

× (3)　必ずしも精神病者に限らず、極度の興奮状態にあるなど、社会通念上精神が正常でないものをすべて含むものである。なお、かつ、自傷他害のおそれがある者であることを要件としている。

× (4)　厳密な意味での、医学上の区別の泥酔期のものである必要はなく、アルコールの影響により、正常な判断能力、意思能力を欠いた状態にあるかどうかを基準とすべきもので、かつ、自己又は他人の生命・身体又は財産に危害を及ぼすおそれがあることが必要なことは言うまでもない。具体的には、そのまま放置しておけば、川に転落したり、交通事故の被害者となるおそれや、他人に殴りかかったりするおそれがある場合がこれに当たる。

○ (5)　「本人がこれを拒んだ場合を除く」と明文で規定したのは、意思能力、自救能力のあるものが、その真意から拒絶した場合にまで、強制的に保護することは相当でないという趣旨から設けられたものであるから、幼児が単に「いやだ」と言ったからといっても、明示的に拒絶したとはいえない。

(6) 家出人については、自らの意思で独立しようとする限り、2号対象者としての迷い子には当たらず、全くの年少者で自救能力のない者を除き、一般にこの要件を満たさないから、保護を行うことはできないと解される。

(7) 警察官職務執行法3条に基づき行う保護は、「取りあえず」警察署、病院、救護施設等の適当な場所に保護することになるが、これは一時的な措置である。

(8) 警察官職務執行法3条に基づく保護は、裁判官の令状を求めない限り24時間をこえてはならないこととされているが、これは、保護した場合には、24時間は保護しなければならないという趣旨である。

(9) 泥酔に当たらない者については、警察官職務執行法の保護の対象とはならないため、もはや、他の法令においても、保護することは困難である。

(10) 警察官職務執行法3条1項の1号対象者（精神錯乱又は泥酔者）と2号対象者（迷い子、病人、負傷者等）とも要件を具備すれば、いずれも即時強制として保護できる。

○ (6) 自己の意思で独立しようとする家出人の場合は、警察官職務執行法に基づく保護はできないと解される。このため、警察の責務に照らして必要である限り、家出人を発見した場合、強制にわたらない範囲で説得等を行い警察署等への同行を求め、家族等に連絡するといった方法を講ずることになる。

○ (7) この場合の保護は、最終的にその者の家族、知人その他の関係者等に引取（引継）方を依頼するまでの暫定的、一時的措置である。

× (8) 24時間以内であっても、酔いが覚めたりして保護の必要がなくなれば、速やかに保護措置を解除すべきことは当然であり、保護の要件が解消したにもかかわらず、24時間が許容されているといって止めおくことは、違法なものと解される。

× (9) 「泥酔」に当たらない者については、警察官職務執行法の保護の対象とはならないが、公共の場所又は乗物等において、粗野又は乱暴な言動をし、本人のため応急の救護を要するときは、酩規法の保護の対象となる。つまり、酩規法3条に基づく保護は、公共の場所又は乗物において、酩酊者が粗野又は乱暴な言動を行っていることを要する点で、警察官職務執行法の保護よりも狭いが、泥酔であることを要しない（ただし、本人のため応急の救護を要するときに限る。）点で広い。

× (10) 1号対象者の場合は、即時強制として、行うことができ、仮に抵抗がなされても、これを排除するため、強制力を用いることができる。2号対象者については、本人があくまで拒んだ場合は、保護を実施することができない。このため、即時強制ではなく、任意活動に属するものといえる。

Q

次の事例について、保護が可能かどうか、保護の要件を挙げて検討せよ。

(1) 交番で在所勤務中、本署から「酔っ払いが道路に寝込んでいるとの110番通報あり。状況確認して報告せよ」との指示を受け、現場において確認すると、泥酔した男が路上に寝込んでおり、声をかけると、「うるさい、寝るのは俺の勝手だ。」等と言って、保護を拒否した。

(2) 交番で在所勤務中、本署から「ただ今、自殺するとの110番通報あり。至急現場に向かえ」との指示を受け、現場に到着すると、女性が極度に興奮していた。

〔答案構成〕

(1)について

保護は警察官職務執行法3条1項に規定されており、警察官は、異常な挙動その他周囲の事情からして合理的に判断して、次に該当することが明白であって、しかも、応急の救護を要すると信ずるに足りる相当な理由のある者を発見したときは、とりあえず警察署、病院等の適当な場所において、これを保護しなければならない。

○ 精神錯乱又は泥酔のため、自己又は他人の生命、身体又は財産に危害を及ぼすおそれのある者

○ 迷い子、病人、負傷者等で適当な保護者を伴わず、応急の救護を要すると認められる者（本人がこれを拒んだ場合を除く。）

泥酔者とは、アルコールの影響により、正常な判断能力、意思能力を欠いた状態にあり、自傷他害のおそれがある者であり、保護の要件の判断は、不自然な動作・態度等異常な挙動や周囲の事情から合理的、客観的に行う必要がある。

本問の場合、泥酔した男が路上に寝込んでいるというのであるから、正常な判断能力、意思能力を欠いている状態と判断で

き、泥酔のため自傷他害のおそれが認められることから、たとえ、男が保護行為を拒否したとしても、取りあえずの措置として、警察署、病院等の適当な場所において保護することができる。

(2)について

本問の自殺企図者の女性が精神錯乱に該当するかどうかが問題である。

「精神錯乱」の状態にあるということは、精神病者に限らず、極度の興奮や薬物等の影響により、社会通念上精神状態が正常でない者も含まれるから、本問事案からすると、これに該当すると解することができる。

なお、仮に「精神錯乱」に該当しない場合には、警察官職務執行法を根拠として保護することはできないが、個人の生命、身体及び財産の保護のために必要である限り、警察法2条の責務を果たすため、任意活動として保護措置を講ずることができるといえる。

そして、強制にわたらない範囲で、自殺企図者に対して、説得行為を行うこともできるし、それを制止するために必要な実力行使をすることも許容されよう。

Q

飲酒している者の警職法上の保護と酩規法上の保護の関係について述べよ。

〔答案構成〕

1 保護の意義

すべて国民は、個人として尊重され、国民生活の基本をなす生命、身体及び財産を保護することは警察に与えられた責務であり、警察目的の第一義とするところである。警察官職務執行法（以下「警職法」という。）3条及び酒に酔つて公衆に迷惑をかける行為の防止等に関する法律（以下「酩規法」という。）3条は、警察の責務として「保護」を積極的に義務づけ、公務として行うべきことを明確にした。

これらの保護は、警察の性質上さしせまった危険な状態から保護するということであって、いわゆる保育作用として行われる生活保護、あるいは後見的保護とは異なるものである。

2　両法の関係

① 　酩規法は、警職法で保護できなかった者を保護することとしたもので、保護の基本法である警職法に対して補充法の性格を持つものである。

② 　酩規法は、従来警職法に基づいて保護することのできなかった「酩酊者」を保護できるようにし、保護の万全を期そうとする趣旨で設けられた規定である。

　　警察法3条は、保護対象を「泥酔者」と規定しているので、泥酔に至らない「酩酊者」は保護することができなかったが、それをできるようにしたのが、酩規法3条である。

③ 　警職法3条及び酩規法3条は、警察官に保護に関する権限を与えるものであって、犯罪の予防等に関する権限を与えたものではない。泥酔及び酩酊により、さしせまった状態にある者に応急的救護の必要性を認め、警察官が一時的にその責任において保護することを意味し、両法ともその性格は警察上の即時強制である。

④ 　酩規法にいう「酩酊者」の概念には、泥酔者が含まれることから、泥酔者も酩規法3条で保護すればよいといった考え方もできるが、酩規法3条は警職法3条の規定を補充するという規定趣旨からみて、泥酔者には基本法である警職法を適用して保護することになる。

⑤ 　保護した者の氏名等を毎週簡易裁判所に通知することは、両法とも共通である。

出題ランク	1	2	3
★★	/	/	/

13 避難等の措置

組 立 て

避難等の措置

― 趣　旨（警察官職務執行法4条1項）

― 要　件

　　人の生命・身体に危険を及ぼし、又は財産に重大な損害を及ぼすおそれのある危険な事態がある場合

　　（天災、事変、工作物の損壊、交通事故、危険物の爆発、狂犬・奔馬の類等の出現、極端な雑踏等）

― とり得る手段

　　― その場に居合わせた者、その事物の管理者その他関係者に必要な警告を発すること

　　― 特に急を要する場合

― 報告等

― 避難等の措置に対する裁量問題

― 災害対策基本法との関係

要　点

1　避難等の措置の趣旨

　警察官は、警察官職務執行法4条1項に基づく危険な事態において、危険防止のため、関係者に警告し、必要な措置をとるように命じ、又は自ら必要な措置をとることができる。この規定は、個人の生命・身体・財産の保護という警察の責務を達成するために、即時強制を含む必要な権限を警察官に与えたものである。

2　要　件

　警察官職務執行法4条の権限行使ができるのは、人の生命・身体に危険を及ぼし、又は財産に重大な損害を及ぼすおそれのある危険な事態がある場合である。

　これは、単に抽象的な危険性があるという事態を想定したものではなく、現実に具体的危険が生じていることを意味している。

　この危険な事態は、法文上、天災、事変、工作物の損壊、交通事故、危険物の爆発、狂犬・奔馬の類等の出現、極端な雑踏が列挙されているが、もとよりこれらに限定されるものでなく、同様に人に危険を与える自然現象・社会現象が含まれる。

天災	暴風雨、地震、津波、噴火、豪雪等の異常な自然現象による災害
事変	内乱、暴動、火災等の異常な社会現象
工作物の損壊	工作物とは家屋、建築物、橋、トンネル等のように土地に定着している人工的な建造物すべてをいい、損壊とは老朽、破壊等によりその全部又は一部が不完全な状態になること
交通事故	航空機、電車、船舶、自動車等の交通機関によって人が死傷し、物が損壊することを広く意味すること

爆発物の危険	火薬類、爆発物、ガス、ガソリン等の爆発
狂犬・奔馬等の出現の類	狂犬、奔馬のみならず動物による危険な事態一切であり、例示のほか、人にかみつくおそれのある野犬、暴れ牛、動物園等から逃げ出した猛獣などもこれに含まれる。
極端な雑踏	人が多数集まり、集まった人びとの間に秩序を保つことが不可能で危険な場合をいい、劇場、競技場など多数の人が集まる施設や場所、祭礼、花火大会、集会等催し物における混乱がこれに当たる。

3 避難等の措置としてとり得る手段

警告を発すること

前記2で列挙した危険な事態がある場合においては、警察官は、その場に居合わせた者、その事物の管理者その他関係者に必要な警告を発することができる。

その場に居合わせた者	危険の発生するおそれのある場所又はその付近にいる者をいう。
その事物の管理者	その危害の発生、継続、拡大に直接関係のある事物について、現実に管理している者を意味し、具体的には危険物の保管者、建物の管理人等がこれに当たる。
警告	危険からの避難、危険防止について必要な行為を求めることで、その態様は、口頭、文書掲示、警笛、縄張り、街頭放送、ヘリコプターの活用等によっても認められ、具体的には豪雨で堤防決壊のおそれのある場合に住民に避難措置を求めるようなときなどである。

特に急を要する場合における措置

特に急を要する場合、つまり、現実にその危険が切迫しており、警告していたのでは間に合わず、強制手段を用いなければ

危険を避けることができない状態にある場合には、警察官は、即時強制の手段として、危害を受けるおそれのある者に対して「引き留め」あるいは「避難措置」をさせ、又はその他関係者に「危害防止の措置」を命じることができ、また、警察官自ら「危害防止の措置」をとることができる。

すなわち、次のような措置をとることができる。

○ 危害を受けるおそれのある者に対し、その場の危害を避けしめるため必要な限度でこれを引き留め、避難させること。

> **ワンポイント**　引き留めるとは、危険な場所に入らないように抑止することであり、避難させるとは、危険な場所から他の場所へ退避させることであり、いずれも相手の意思にかかわらず強制的に行うことができる。

○ その場に居合わせた者、その事物の管理者その他関係者に対し、危害防止のため、通常必要と認められる措置をとることを命じること。

> **ワンポイント**　必要と認められる措置とは、具体的には、危険な地域への立入り禁止・制限、劇場等への入場停止・制限、催し物の中止、狂犬の捕獲・撲殺、工作物の応急工事等があり、いずれもその状況によって異なるが、その状況において必要な範囲に限られる。

○ 危害防止のため警察官が必要な措置をとることができる。

> **ワンポイント**　関係者等に命じているいとまのないとき、関係者等が命令に従わないとき、また、内容的に警察官が行うことが適当なものであるときには、警察官が直接必要と認められる措置をとることができる。これは、危険を伴う場合や極度の混乱等のため、当初から警察官による措置が適当な場合が該当しよう。

④　報告等

この規定に基づいて、警察官がとった措置については、順序を経て所属の公安委員会に報告しなければならず、公安委員会は、他の公の機関に対し、その後の処置について必要と認める協力を求めるため適当な措置を講じなければならない。

これは、危険な事態にあるときは、他の関係機関との緊密な連携が必要であるとの趣旨に基づくものである。

5 避難等の措置に対する裁量問題

本条は、危険な事態に際して、「……危害防止のため通常必要と認められる措置をとることを命じ、又は自らその措置をとることができる。」としているので、それが警察官の自由裁量に委ねられるものかどうかが問題となる。

少なくとも、人の生命、身体に対して差し迫った危険が及んでいる場合、権限を行使する警察官の裁量の余地は著しく縮減し、権限の不行使が国家賠償法上違法と解されることがあるとするのが、学説・判例とも異論のないところである。

新島漂着砲弾爆発事件　最判昭53.3.23

漂着した砲弾類の不用意な取扱いによる爆発の危険性があり、これを放置するときは島民の生命、身体の安全が確保されないことが相当の蓋然性をもって予測され、かつ、そのことを警察官が容易に知り得る場合には、警察官において右権限を適切に行使し、自ら又はこれを処分する権限・能力を有する機関に要請するなどして積極的に砲弾類を回収するなどの措置を講じ、もって砲弾類の爆発による人身事故等の発生を未然に防止することは、その職務上の義務であるとして、海浜に打ち上げられた旧陸軍の砲弾により人身事故が生じた場合に、警察官においてその回収等の措置をとらなかったことは違法であるとした。

---

6 災害対策基本法との関係

災害対策基本法は、災害が発生し、又は発生するおそれがある場合において、人の生命・身体を災害から保護し、その他災害の拡大を防止するため特に必要があると認めるときに市町村長に避難のための立退き又は緊急安全確保措置（以下「避難又は待避等」という。）の指示等を認めているが、市町村長が避難又は待避等を指示することができないと認めるときや市町村長から要求があったときは、警察官は、必要と認める地域の居住者、滞在者その他の者に対し、避難又は待避等を指示するこ

とができることとされている。したがって、この場合に、警察官は同法上の権限を行使できることとされ、警察官の権限行使が補充的なものとされている。

　また、他の機関の職員に危険防止のための権限が個々の法律で付与されている場合もあるが、この場合には、原則として、警察官は、当該機関の職員と密接な連絡をとりつつ、警察官職務執行法上の権限を行使することとなる。

参考判例

避難等の措置　和歌山地判平10.1.16
原告方付近における原告と付近住民との紛争は、群集心理と日常における住民間の感情のもつれも重なり、相互に興奮し、罵り合い、中には酒気を帯びた者もある等、まさに人の生命若しくは身体又は財産に危険が及ぶおそれが十分認められる状態にあったことから、M巡査部長ら4名の警察官が現場において行った原告に対する原告方及び捜査車両への避難要求行為は、警察官の職務としての一時的危害防止のための行為である。 　また、原告が右避難要求行為に従わず、地面に仰向けに寝そべり、自ら手足をバタつかせたため、やむを得ず実力を行使し、捜査車両へ移送しようとしたM巡査部長らの職務行為は、現実に、原告に危害が及ぶ危険性が一段と切迫して、もはや警告では効果が期待できない騒然とした現場の状況下にとられた必要やむを得ない措置である。 　右の措置は、警職法4条1項に基づき人の生命、身体への危害を防止するためにとった適法適正な措置にあたる。

避難等の措置をとることができる危険な事態

　警職法4条1項には、警察官が避難等の措置をとることができる危険な事態として、「天災、事変、工作物の損壊、交通事故、危険物の爆発、狂犬、奔馬の類等の出現、極端な雑踏」が例示されている。

□　「天災」とは、豪雨、津波、地震等の自然災害をいい、「事変」とは、戦争、暴動、火災等の人為的災害をいう。

□　「工作物」とは、土地に定着し、人の手によってつくられたものをいう。建造物がその代表的なものであるが、電柱、看板、彫刻等の工作物も全てここにいう工作物に当たる。

□　「交通事故」とは、電車、船舶、航空機、自動車、自転車等の交通機関によって、人が死傷し又は物が損壊することをいう。本項にいう「交通事故」は、道路交通法にいう交通事故と同義ではない。したがって、道路上で発生した事故に限らず、交通機関によって発生した事故は全てここにいう交通事故に該当する。

□　「危険物の爆発」とは、火薬類、ガソリン等の石油系液体、原子炉など爆発性を有する危険物が爆発することをいう。

□　「狂犬、奔馬の類等」とは、野犬、暴れ馬、猛獣等のことをいう。

□　「極端な雑踏」とは、祭礼、集会等に集まった群衆によって、危険な状態になっていることをいう。

Q

次のうち、正しいものには○、誤っているものには×を記せ。

(1) 警察官職務執行法4条1項に基づく避難等の措置は、人の生命、身体等に危険な事態に対するもので、警察の責務の範囲内で行うものであり、任意手段として行われるものである。

(2) 人の生命・身体に危険を及ぼし、又は財産に重大な損害を及ぼすおそれのある危険な事態がある場合の「危険」とは、必ずしも具体的危険が生じていなくともよい。

(3) 危険な事態としての、天災、事変、工作物の損壊、交通事故、危険物の爆発、狂犬・奔馬の類等の出現、極端な雑踏等とは例示であり、これに相当する危険な事態があれば、これに限定されるものではない。

(4) 交通事故とは、道路交通法に定められている車両又は路面電車の交通による人の死傷又は物の損壊を意味するもので、特に交通事故が最も多発するおそれがあることに鑑み、特に規定されたものである。

(5) 危険な事態がある場合においては、警察官は、その場に居合わせた者、その事物の管理者その他関係者に必要な警告を発することができるが、警告はその意思表示を明確にし、事後の紛議を防止する観点から、文書にて行う必要がある。

(6) 現実にその危険が切迫しており、警告していたのでは間に合わず、強制手段を用いなければ危険を避けることができない状態にある場合（特に急を要する場合）に警察官は、危害を受けるおそれのある者に対して「引き留め」あるいは「避難措置」をさせ、又はその他関係者に「危害防止の措置」をとることを命じることができ、警察官自ら「危害防止の措置」をとることができる。

× (1) 避難等の措置は、一定の危険な事態における関係者への警告や、必要な措置をとるように命じ、又は自ら必要な措置をとることができるものであり、個人の生命・身体・財産の保護という警察責務を達成するために、即時強制を含む必要な権限を警察官に与えたものである。

× (2) 人の生命・身体に危険を及ぼし、又は財産に重大な損害を及ぼすおそれのある危険な事態とは、単に抽象的な危険性があるという事態を想定したものではなく、現実に具体的危険が生じていることを意味している。

○ (3) 天災、事変、工作物の損壊、交通事故、危険物の爆発、狂犬・奔馬の類等の出現、極端な雑踏等が列挙されているが、もとよりこれらに限定されるものでなく、同様に人に危険を与える自然現象、社会現象が含まれる。

× (4) 交通事故とは、航空機、電車、船舶、自動車等の交通機関によって人が死傷し、物が損壊することを広く意味し、道路交通法による交通事故に限定されない。

× (5) 警告は、具体的に危険な事態が発生した場合に、危険からの避難、又は危険防止について必要な行為を求めるために行われ、その方法としては、口頭、文書掲示、警笛、縄張り等臨機の措置によって行われる。

○ (6) 関係者に警告をしていたのでは間に合わず、警察官が危害予防のために実力行使するのでなければ、危害を避けることができない場合、即時強制手段として、危害を受けるおそれのある者に対して「引き留め」あるいは「避難措置」をさせ、又はその他関係者に「危害防止の措置」をとることを命じることができ、また、警察官自ら「危害防止の措置」をとることができる。

(7)　人の生命、身体に危険を及ぼし、又は財産に重大な損害を及ぼすおそれのある天災、工作物の損壊、危険物の爆発等危険な事態が発生し、特に急を要する場合においては、警察官はその場に居合わせた者、その事物の管理者その他関係者に対し、危害防止のため、通常必要と認められる措置をとることを命じることができる。命ぜられた者はこれに従う義務があるが、この義務は訓示規定であり、これに反した場合は処罰の対象とはならない。

(8)　危険な事態に際して、警察官は現実に警告を発し、避難させ、又は危害防止のため必要と認められる措置をとることを命じ、又は自らその措置をとることができるとされているが、それは警察官の自由裁量に委ねられているとするのが、通説の考えであり、判例もそのように解するものがある。

(9)　警察官が避難等の措置をとった処置については、順序を経て所属の公安委員会に報告しなければならず、公安委員会は、他の公の機関に対し、その後の処置について必要と認める協力を求めるため適当な措置を講じなければならない。

(10)　災害対策基本法において、市町村長が避難のための立退き又は緊急安全確保措置（以下「避難又は待避等」という。）を指示することができないと認めるときや、市町村長から要求があったときは、警察官は、避難又は待避等を指示することができるとされているが、この場合は災害対策基本法での権限行使よりむしろ、警察官職務執行法での権限行使をするべきである。

× (7)　警察官職務執行法自体には、この命令違反に対する制裁規定はないが、軽犯罪法1条8号の適用がある場合が多いといえる（風水害、地震、火事、交通事故、犯罪の発生その他の変事に際し、正当な理由がなく、現場に出入りするについて公務員若しくはこれを援助する者の指示に従うことを拒み、又は公務員から援助を求められたのにもかかわらずこれに応じなかった者は、拘留又は科料の対象となる。）。

× (8)　少なくとも、人の生命、身体に対して差し迫った危険が及んでいる場合、権限を行使する警察官の裁量の余地は著しく縮減し、権限の不行使が国家賠償法上違法と解されることがあるとするのは、学説・判例とも異論のないところである。

○ (9)　事後の措置については、警察官職務執行法4条2項に規定されているとおりである。

× (10)　災害対策基本法61条と警察官職務執行法4条との関係であるが、災害対策基本法61条において、市町村長が避難又は待避等を指示することができないと認めるときや市町村長から要求があったときは、警察官は、必要と認める地域の居住者、滞在者その他の者に対し、避難又は待避等を指示することができることとされていることに鑑み、この場合、警察官は災害対策基本法での権限を行使すべきものと解され、警察官職務執行法の権限行使が補充的なものとなろう。

論文対策

> **Q**
>
> 警察官職務執行法に基づく警察官の行う避難等の措置の根拠と要件を述べたのち、災害対策基本法との関係について触れよ。

〔答案構成〕

1 避難等の措置の性格

警察官は、警察官職務執行法4条1項に基づく避難等の措置をなし得るが、この規定は、個人の生命・身体・財産の保護という警察の責務を達成するために、即時強制を含む必要な権限を警察官に与えたものである。

2 避難等の措置をなし得る要件

避難等の措置をなし得る要件を掲げると、まず、権限行使ができるのは、人の生命・身体に危険を及ぼし、又は財産に重大な損害を及ぼすおそれのある危険な事態がある場合である。

この危険な事態の内容は、天災、事変、工作物の損壊、交通事故、危険物の爆発、狂犬・奔馬の類等の出現、極端な雑踏が列挙されている。

「天災」には暴風雨、地震、津波等の異常な自然現象による災害、「事変」には内乱、暴動、火災等の異常な社会現象、「工作物の損壊」及び「交通事故」には航空機、電車、船舶、自動車等の交通機関によって人が死傷し、物が損壊することが含まれている。また、「危険物の爆発」には火薬類、爆発物、ガス、ガソリン等の爆発、「狂犬、奔馬の類等」の「等」には、<u>熊や猪</u>なども含まれ、これらの出現、そして「極端な雑踏」が例示として挙げられているが、もとより、これらに限られるものではなく、これらと同様に人に危険を与える自然現象又は社会現象が広く含まれる。

3 避難等の措置としてとり得る手段

(1) 警 告

上記のような危険な事態がある場合においては、警察官

は、その場に居合わせた者、その事物の管理者その他関係者に必要な警告を発することができる。

この警告の方法とは、危険な事態からの避難、危険防止を図るためのものであるから、その態様は、口頭、警笛、縄張り等によっても認められよう。

(2) 特に急を要する場合の措置

特に急を要する場合においては、次のような措置をとり得る。

○ 危害を受けるおそれのある者に対し、その場の危害を避けしめるために必要な限度でこれを引き留め、避難させること。

○ その場に居合わせた者、その事物の管理者その他関係者に対し、危害防止のため、通常必要と認められる措置をとることを命じること。

○ 危害防止のため警察官が必要な措置をとること。

4 報告等

警察官がとった措置については、順序を経て所属の公安委員会に報告しなければならず、公安委員会は、他の公の機関に対し、その後の処置について必要と認める協力を求めるため適当な措置を講じなければならない。

5 権限の不行使に係る判例

警職法4条1項は単なる権限規定ではなく、警察官に職務上の義務を課した規定であると解されている。したがって、同項に規定されている権限の不行使が職務上の義務違反として違法とされることがあり、その代表的な事例として、「新島漂着砲弾爆発事件」（最判昭59.3.23）が挙げられる。

当該事件は、終戦後に海中投棄された砲弾類が台風などの際に毎年のように海岸に漂着するようになったため、所轄警察署において、発見時の届出を島民に呼びかけるとともに、警視庁主管課を通じて砲弾類の処理を自衛隊に依頼するように上申していたが、当該依頼がなされないままであったところ、海岸でのたき火中にその中に含まれていた砲弾が爆発し二人が死傷した事案である。この事案について、最高裁において「……警察官は、……単に島民等に対して砲弾類の危険性についての警告

や砲弾類を発見した場合における届出の催告等の措置をとるだけでは足りず、更に進んで自ら又は他の機関に依頼して砲弾類を積極的に回収するなどの措置を講ずべき職務上の義務があったものと解するのが相当であって、前記警察官が、かかる措置をとらなかったことは、その職務上の義務に違背し、違法であるといわなければならない。」旨の判断が示されている。

6 災害対策基本法との関係

警察官職務執行法4条の警察官の避難等の措置と災害対策基本法61条との関係をどのように考えるかということである。

市町村長は災害が発生し、又は発生するおそれがある場合において、人の生命・身体を災害から保護し、その他災害の拡大を防止するため特に必要があると認めるときに、急を要するときは、その地域の居住者等に避難のための立退き又は緊急安全確保措置（以下「避難又は待避等」という。）を指示することができる。また市町村長が避難又は待避等を指示することができないと認めるときや、市町村長から要求があったときは、警察官は避難又は待避等を指示することができる。

この場合は、警察官は災害対策基本法上の権限を行使すべきことになり、警察官職務執行法は一般的規定であるので、補充的に適用されるといえる。

14 犯罪の予防・制止

組 立 て

犯罪の予防・制止

意　義
　　犯罪発生の可能性が生じたときにおいて、強制的な措置を講ずる必要があるところから、警察官職務執行法において犯罪の予防・制止の規定がおかれている。

法的根拠（警察官職務執行法5条）

内　容
　　警　告
　　　　関係者に必要な警告を発すること。

　　制　止
　　　　人の生命、身体に危険が及ぶおそれがあるとき、又は財産に重大な損害を受けるおそれがあるときは、その行為を制止することができる。

制止の限界
　　制止における実力行使は、必要な範囲を超えて相手を抑圧することは許されない。

司法手続（現行犯）との関係

1　意　義

　まさに犯罪が行われようとする場合における、応急的かつ直接的措置。

　犯罪の発生を未然に防止することは、警察の重要な責務の一つであり、犯罪の予防のために警察が行う措置には、様々なものがある。具体的に犯罪発生の可能性が生じたときにおいて、これを未然に防止するために強制的な措置を講ずる必要があるところから、警察官職務執行法において犯罪の予防・制止の規定がおかれている。

2　法的根拠（警察官職務執行法5条）

　警察官は、犯罪がまさに行われようとするのを認めたときは、その予防のため関係者に必要な警告を発し、又、もしその行為により人の生命若しくは身体に危険が及び、又は財産に重大な損害を受ける虞があって、急を要する場合においては、その行為を制止することができる。

3　内　容

警　告
犯罪がまさに行われようとするのを認めたときは、その予防のために関係者に必要な警告を発することができる。

犯罪	刑罰法規に該当する違法な行為であることを要し、責任の要件（刑事未成年者・心神喪失者等）については不要と解されている。後述の制止の場合と異なり、罪種の制限はない。
警告	犯罪の発生を予防する目的で、警察官が加害者、被害者となり得る者その他関係者に、一定の行為を行うよう又は行わないよう求めることを意味する。 　警告には、 ○　加害者となり得る者に犯罪行為を行わないように警告

	○ 被害者となり得る者にその場を立ち去るように指導 ○ その場所の管理者に加害行為を行おうとする者を管理権に基づき、立退かせるよう求める。 等の形態が含まれる。
警告の方法	口頭、拡声器の使用、文書などがあるが、必要に応じ、警察官が行動によって示すことも可能である。また、必要な範囲内で説得活動を行うことも認められる。
犯罪発生後の警告	犯罪がいったん発生した後に、この警告を行うことができるかという問題があるが、既に犯罪が完了してしまい、もはや犯罪の防止を図ることができない場合は別として、犯行の途上にある段階においては、犯行及び被害の拡大を防止する必要があることから、なおこの規定に基づき警告を行うことができると解される。

制　止
制止ができるのは、「犯罪がまさに行われようとするときに、その行為により人の生命・身体に危険が及び、又は財産に重大な損害を受けるおそれがあって、急を要する場合」である。この制止は警告とは異なり、警察官が強制手段として行うことができ、相手方に受忍義務を負わせるものである。 　制止は、どの犯罪に対しても行うことができるのではなく、「その行為により人の生命・身体に危険が及び、又は財産に重大な損害を受けるおそれ」がある犯罪が行われようとしているときのみに行うことができる。

人の生命又は身体に危険を及ぼすもの	殺人、傷害、暴行等が典型であるが、必ずしも刑法に規定された行為には限られない。
財産に対する犯罪	重大な危害を与えるものに限られる。これは、制止という強制措置の対象とするに足りないような被害しか生じないようなものを除く趣旨である。

急を要す る場合	客観的にみて事態が切迫し、そのとき制止しなければ犯罪行為が行われてしまうと思われる状態でなければならない。
制止の手段、方法	その具体的事態に応じて、犯罪の防止に必要な限度で、社会的に相当と認められるものでなければならない。具体的には、犯罪を行おうとする者の抱き止め、一時押さえつけ、連れ出し及び凶器等の取上げなどがある。さらに、具体的な状況に応じ、集団に対する放水なども認められよう。
犯罪の発生・継続時、この要件を満たしていないが、制止ができるか	既に犯罪が発生し、継続している場合は、この要件を満たしていないが、警察官はその犯罪行為を制止することができるというべきである。 つまり、犯罪が発生し、継続している場合には、警察官は刑事訴訟法に基づいて現行犯として逮捕することもできるのであるが、犯罪状態を解消することが重要であって、逮捕する必要がないと認められるときは、当然その犯罪状態を解消するために、制止と同様の強制手段を用いることができるといえるからである。 この場合は、その制止行為はこの規定に基づくものではないから、犯罪が発生し、現に継続しているのであれば、その行為によって人の生命若しくは身体に危害を加えたり、又は財産に重大な被害を及ぼすようなものであると否とにかかわらず、それを排除し、制止する行為を行うことができるのである。

4　制止の限界

　制止における実力行使は、令状によることなくとり得る手段であって、憲法33条、35条の適用を受けるものではないが、その趣旨は尊重すべきで、必要な範囲を超えて相手を抑圧することは許されない。具体的には、次のとおりである。

○　即時強制の規定であるから、その要件である急迫の危険がなくなれば、速やかに禁止状態を解かなければならず継続的な身体拘束は、逮捕手続等によるべきである。

○　取り上げ制止も、その物の継続的な占有は許されず、危

172

険が去ればこれを返還するか、任意提出を受けて保管することとなる。

○　制止は、行われようとする犯罪の中でも「生命若しくは身体に危険が及び、又は財産に重大な損害を受ける虞」があるものに限定されているので、知能犯、秘密に関する犯罪、名誉に関する犯罪などは、本要件になじまず、その犯罪のみでは、本条の制止の対象とならない。また、いわゆる行政犯も原則として本条の対象とならない。

5　司法手続（現行犯）との関係

制止と司法手続（現行犯）との関係では、次のことがいえる。

○　制止は、犯罪を予防するための手段であるから、犯罪捜査を目的として行使できないのは当然であるが、その後犯罪に発展した場合には、引き続き司法手続に移行することができる。

○　犯罪着手後、つまり現行犯逮捕ができる場合、あえてこれを行わず、本条による制止の手段を行えるかとの問題であるが、通説・判例は、これを積極に解し、「当該犯罪の性質、態様や周囲の状況などから見て、直ちに相手を逮捕する必要がなく、制止手段で犯罪鎮圧の目的を遂げ、秩序維持を図れるならば、その制止行為は何ら違法でない。」（東京高判昭41.8.26）としている。

○　人の生命、身体に対する直接の危険性等がない現行犯、例えば、蛇行進を行う道交法違反の現行犯に対する制止行為については、判例の大勢は警察法2条の範囲でこれを認め、「現行犯逮捕が可能である以上、これより軽度かつ一時的な身柄拘束である制止は、必ずしも警職法5条の後段の要件（生命、身体又は財産に対する重大な危害）を充足する状況がなくとも当然に認められてしかるべきである。」（東京高判昭47.10.20）としており、本条を直接の根拠においていない。

 練習問題

Q

次のうち、正しいものには〇、誤っているものには×を記せ。

---

(1) 犯罪の予防・制止とは、警察官が犯罪がまさに行われよう
とするのを認めたときは、その予防のため関係者に必要な警
告を発し、また、もしその行為により人の生命若しくは身体
に危険が及び、又は財産に重大な損害を受けるおそれがあっ
て、急を要する場合においては、その行為を制止することが
できるというものである。

(2) 警察官は、犯罪がまさに行われようとするのを認めたとき
は、その予防のために関係者に必要な警告を発することがで
きるが、ここでいう犯罪とは、刑罰法規に該当する有責違法
な行為であることを要すると解されている。

(3) 警察官は、犯罪がまさに行われようとするのを認めたとき
は、その予防のため関係者に必要な警告を発することができ
るが、ここでいう関係者とは、被疑者たる地位、すなわち加
害者となり得る者である。

(4) 犯罪がまさに行われようとするのを認めたときは、警察官
がその予防のために関係者に必要な警告を発するものである
が、ここでいう犯罪とは、行われる可能性があるという蓋然
性があれば足りるのである。

(5) 警告は、口頭、拡声器の使用、文書などの方法により行わ
れるのが一般的である。また、必要に応じ警察官が行動で示
すことも可能である。

(6) 犯罪が発生した後、また犯罪が継続している場合には、も
はやこの規定に基づく警告を行うことはできない。

○　(1)　警察官職務執行法5条に規定されているもので、犯罪がまさに行われようとするときの関係者に対する警告、その犯罪行為により人の生命、身体に危険が及び、財産に重大な損害を受けるおそれがあり、急を要する場合の制止行為からなっている。制止行為は即時強制の一つである。

×　(2)　警告の対象となる犯罪とは、刑罰法規に該当する違法な行為であれば足り、責任の要件（刑事未成年者・心神喪失者等）についてまでは不要と解されている。

×　(3)　警告は、犯罪行為を行わないように加害者となり得る者に警告するのが一般的であるが、被害者となり得る者にその場を立ち去るように指導したり、その場所の管理者に加害行為を行おうとする者を管理権に基づいて、立ち退かせるよう求めるという形態もある。

○　(4)　「犯罪がまさに行われようとする」とは、刑罰法規に該当する違法行為が行われる可能性が迫っており、それが客観的に明らかな状態となっていることを意味する。

○　(5)　警告の方法には、口頭、拡声器の使用、文書などが一般的であるが、必要に応じ、警察官が行動によって示すことも可能である。また、必要な範囲内で説得活動を行うことも認められる。

×　(6)　犯罪が発生した後、また犯罪が継続している場合であっても、既に犯罪が完了してしまい、もはや犯罪の防止を図ることができない場合は別として、犯行の途上にある段階においては、犯行及び被害の拡大を防止する必要があることから、なおこの規定に基づき警告を行うことができると解されている。

(7)　制止の手段、方法は、格別定めがなく、即時強制という性格上、犯罪の防止のために用いられる実力行使につき、特に制限がない。

(8)　既に犯罪が発生し、継続している場合には、制止の要件を満たしていないが、その場合においても警察官はその犯罪行為を制止することができると解される。

(9)　制止の方法は、具体的態様に応じて、多種多様の方法があり、画一的なものでなく、集団行進に際しての、分断、圧縮規制等もこれに含まれる。

(10)　警察官職務執行法の規定に基づく制止のほか、他の法令においても制止権が認められている場合がある。

× (7) 即時強制といっても、一定の限度があるというべきである。つまり、犯罪の制止の手段、方法については、その具体的事態に応じて、犯罪の防止に必要な限度で、社会的に相当と認められるものでなければならないということである。

○ (8) 犯罪が発生・継続している場合、この要件を満たしていない場合でも、制止ができる。犯罪が発生し、継続している場合には、警察官は刑事訴訟法に基づいて現行犯として逮捕することもできるのであるから、犯罪状態を解消することが重要で逮捕の必要を認めないときは、当然その犯罪状態を解消するために、制止と同様の強制手段を用いることができるといえる。

○ (9) 制止の方法は、具体的には、犯行を行おうとする者を後ろから抱き止めること、その前に立ち塞がること、突き飛ばすこと、凶器を取り上げること、集団行進について併進・分断・圧縮規制を行うこと、排除することなどがある。

○ (10) 警察官職務執行法に基づく制止は、一般法的なもので、他の法令において警察官に制止権を認めている場合もある。この場合は、当該法令が特別法であり、当該法令が適用される。他の法令で警察官に制止権を与えたものは、酒に酔つて公衆に迷惑をかける行為の防止等に関する法律5条（制止行為）、公職選挙法59条・60条（投票所における秩序保持）等がある。これらの場合は、当該法律の目的・要件に即して、制止権を発動できるのであり、警察官職務執行法の要件を満たす必要はない。

Q

A巡査は、近くのスナックで従業員と客が喧嘩していると
の110番通報によりスナックに急行したところ、店内で
物が割れる音と男の怒号がしたので、店内に入ると、酩酊
した男が割れたビールびんを振り上げ、従業員をなぐろう
としていた。そこでA巡査は、「やめろ」と機先を制しな
がら、男の腕をつかみ、ビールびんをすばやく取り上げた。

A巡査の職務執行の適否について、根拠を挙げて説明せ
よ。

〔答案構成〕

1 結 論

A巡査の行為は、正当な職務行為である。

A巡査は、まさに犯罪行為が行われようとしているのを認め、
このままでは被害者に対する生命・身体に危険が及ぶことは明
白であり、これに対して警告を発し、凶器を取り上げて犯罪行
為を制止している。

これらの一連の行為は、警察官職務執行法5条に規定する犯
罪の予防・制止に当たる適法な職務行為であると判断できるも
のである。

なお、犯罪行為を制止するために、店内に立ち入っているが、
この立入り行為も同法6条に規定する立入りの要件を具備した
正当な職務行為である。

2 検 討

警察官職務執行法5条は犯罪の予防・制止、同法6条は立入
りを認めている。

(1) 犯罪の予防・制止行為

ア 警告

5条前段において、警察官は犯罪がまさに行われよう
とするのを認めたときは、その予防のために関係者に必
要な警告を発することができるとして、予防のための警

告を規定している。

「犯罪がまさに行われようとする」とは、刑罰法規に該当する違法行為が行われる可能性が迫っており、客観的に明らかな状態となっていることを意味しており、警告の対象者は、犯罪の予防のために加害者、被害者となり得る者その他関係者で、対象者に一定の行為を行うように、又は行わないように求めることであり、一般には加害者となり得る者にその犯罪行為を行わないように警告するのが通常である。

本問において、ビールびんを振り上げ従業員になぐりかかろうとした男に対して、A巡査が「やめろ」と警告している行為は、まさに犯罪の予防のための警告である。

イ　制　止

5条後段において、警察官は、犯罪がまさに行われようとするのを認め、もしその行為により人の生命・身体に危険が及び、又は財産に重大な損害を受けるおそれがあって、急を要する場合においては、その行為を制止することができるとして、犯罪の制止を定めている。

急を要する場合とは、客観的にみて事態が切迫し、制止しなければ犯罪行為が行われてしまうという状態である。

人の生命・身体に危険が及び、又は財産に重大な損害を受けるおそれがある場合というのは、殺人、強盗、傷害、暴行等がその典型である。

また、制止の方法は、その具体的事態において、犯罪防止のために必要な限度で、社会的にも相当なものと認められるものでなければならず、一般には犯罪を行おうとする者の抱き止め、引き止め、あるいは凶器の取上げ等を挙げることができる。

本問における、A巡査の警告及び男の腕をつかみビールびんを取り上げた行為は、従業員の生命・身体に危険が及ぶのを回避するためにとられた正当な制止行為である。

(2) 立入り

　　警察官職務執行法 6 条は、警察官の危険時における建物
等に対する立入り（同条 1 項）と公開の場所に対する立入
り（同条 2 項）について、その要件等を規定しているが、
本問における立入りは同条 1 項に規定する即時強制として
の立入りに当たる。

　　警察官は、同法 4 条（避難等の措置）と同法 5 条（犯罪
の予防・制止）に該当する危険な事態が発生し、人の生命、
身体、財産に対し危害が切迫した場合において、その危害
を予防し、損害の拡大を防ぎ、又は被害者を救助するため、
やむを得ないと認めるときは、合理的に必要と判断される
限度において他人の土地、建物又は船車の中に立ち入るこ
とができる。

　　本問はスナック内で喧嘩との通報に接し、スナックに急
行したところ、店内で物が割れる音と男の怒号がしたとい
うのであるから、人に対する生命・身体に対する危害が切
迫していると思料され、その危害を予防し、救助する必要
がある場面であり、そのために立ち入る正当な職務行為で
ある。

15 立入り

組 立 て

立
入
り

- 意 義
  - 個人の生命、身体、財産の保護及び犯罪の予防という責務

- 法的根拠（警察官職務執行法6条）

- 要 件
  - 危険時の立入り（1項）→即時強制
  - 公開の場所への立入り（2項）
    →立入要求権と相手の承諾義務

- 警職法上の立入りに関する判例

- 各種行政法規上の立入りとの関係

 要 点

■1 意 義

警察官は、裁判官の発する令状によらなければ、他人の土地建物等に強制権をもって立ち入ることは許されないが、危険な事態が発生した場合に、個人の生命、身体、財産の保護及び犯罪の予防という責務を達成するため、他人の土地建物に立ち入らなければならないときがある。そこで警察官職務執行法6条は、個人の生命、身体、財産に対し危害が切迫した場合の立入権（1項）と公開場所への犯罪予防のための立入要求権（2項）を規定している。

■2 法的根拠

警察官職務執行法6条1項

警察官は、前2条に規定する危険な事態が発生し、人の生命、身体又は財産に対し危害が切迫した場合において、その危害を予防し、損害の拡大を防ぎ、又は被害者を救助するため、已むを得ないと認めるときは、合理的に必要と判断される限度において他人の土地、建物又は船車の中に立ち入ることができる。

同 法6条2項

興行場、旅館、料理屋、駅その他多数の客の来集する場所の管理者又はこれに準ずる者は、その公開時間中において、警察官が犯罪の予防又は人の生命、身体若しくは財産に対する危害予防のため、その場所に立ち入ることを要求した場合においては、正当の理由なくして、これを拒むことができない。

■3 要 件

危険時の立入り（6条1項）

危険時の立入りは、強制的な立入りを認めたもので、行政上の即時強制の一つである。

危険な事態の発生	4条の危険な事態とは、「天災事変、工作物の損壊、交通事故……等」であり、5条の危険な事態とは、「犯罪がまさに行われよう」としている事態を指している。
危害の切迫	切迫には、「避難等の措置（4条）」「犯罪の制止（5条）」の権限が行使できる程度の状況が必要となる。ただし、「人の生命、身体又は財産に対し危害が切迫した場合において」と条文に明記されているため、5条については、この要件がない場合は6条を根拠として立ち入ることはできない。
目的	「危害防止」、「損害拡大の防止」、「被害者救助」という目的で立ち入ることが許され、犯罪捜査等の目的で立ち入ることは許されない。ただし、立ち入った後に、その場で犯罪を認知した場合には、捜査活動をすることは、一般的に許される。
手段の補充性	他人の土地建物に立ち入るのは、「已むを得ないと認めるとき」でなければならない。すなわち、その場所に立ち入る以外に他に適当な手段がない場合にはじめて認められる。 　そして、この危険時の立入りは、これらの要件のもとにおいて「合理的に必要と判断される限度」で認められる。 　また、「他人の土地、建物又は船車の中」と明記されているが、これは例示であって、他の場所でも要件を満たす限り行うことができる。

公開の場所への立入り（6条2項）

　1項が、危害が切迫した場合の立入りを認めたのに対し、2項は一般的犯罪の予防を目的とした立入要求権を認めたものである。

時間・場所	公開の場所について、その公開時間中において立入りを認めるよう要求することができる。公開時間中とは、現実にその場所を一般の用に供している時間中を指す。
	2項の立入りは、「犯罪予防又は生命身体若しくは危害予防のため」である。

| 目的 | なお、この要求は、その場所が公開の場所であり、かつ、公開時間中であれば行うことができる。多数の人が来集するというだけで、犯罪等の抽象的な危険性があると判断できるので、具体的な危険があることを要するものではない。 |

　以上の要件のもとで警察官が立入りを要求した場合、管理者又はこれに準ずる者は、正当な理由なくしてこれを拒むことができず、管理者等は、この要求についての応諾義務があるものと解されている。

注　正当な業務の妨害の禁止（6条3項）
　　警察官は、立入りに際しては、みだりに関係者の正当な業務を妨害してはならない。
注　管理者等から要求された場合の理由の告知等（6条4項）
　　警察官は、立入りに際しては、その場所の管理者又はこれに準ずる者から要求された場合には、その理由を告げ、かつ、その身分を示す証票を提示しなければならない。

４　警職法上の立入りに関する判例

6条1項を根拠とした行為につき適法とした判例 名古屋高判昭39.2.11
労働組合員等の測量員に対する公務執行妨害の制止、危害予防のため基地拡張予定の農地内へ立ち入る行為（東京高判昭37.10.13）、暴行を伴う業務妨害を反復する場合に、出動して労働組合員のピケを排除する行為
6条2項を根拠とした行為につき適法とした判例 いわゆる「東大ポポロ事件」最判昭38.5.22
大学の学内団体が、大学側の許可を受けて教室内で、松川事件に取材した演劇を開催していたところへ警察官が情報収集のための目的で立ち入った事案

５　各種行政法規上の立入りとの関係

　警職法上の立入りが、警察の責務を達成するための即時強制の手段を定めたものであるのに比べ、例えば、古物営業法、質

屋営業法等の各種行政法規上の「立入り」は、急迫、目前の警察障害を除去するためという即時強制を定めたものではない。この種の「立入権」は、それぞれの法規で定められた行政目的を達成するために、行政機関に与えられた行政上の指導監督としての立入りである。

　したがって、常に相手方の承諾を前提とした立入権であって、相手方は正当な理由なく承諾を拒んではならないことを、罰則を設け間接的に強制し、その実効を保障しようとするものである。

　ただし、各種行政法規の中でも、例えば、火薬類取締法や高圧ガス保安法等における「立入り」の規定は、行政指導監督のための立入りとは別に、ことの性質上警職法上の立入りと同じく、即時強制の手段としての「立入り」をも定めているので注意を要する。

Q

次のうち、正しいものには○、誤っているものには×を記せ。

(1) 警察官職務執行法6条は、1項（危険時の立入り）と2項（公開の場所への立入り）とからなっており、いずれも即時強制と解されている。

(2) 危険時の立入りは、4条に規定する「人の生命若しくは身体に危険を及ぼし、又は財産に重大な損害を及ぼす虞のある天災、事変、工作物の損壊、交通事故、危険物の爆発、狂犬、奔馬の類等の出現、極端な雑踏等危険な事態がある場合」及び5条に規定する「犯罪がまさに行われようとするのを認めたとき」の事態があることが前提である。

(3) 危険時の立入りは、人の生命、身体又は財産に対し危害が切迫した場合において、その危害を予防し、損害の拡大を防ぎ、又は被害者を救助するために認められるものであるから、3条の保護のため必要があるときにも立ち入ることができる。

(4) 危険時に他人の建物等へ立ち入ることは、やむを得ないと認めるときに、合理的に必要と判断される限度において行うことになるが、仮に他にとるべき手段があると認められるときでも、即時強制という趣旨からするならば、立入りは許容されると解される。

(5) 危険時の立入りは、「他人の土地、建物又は船車の中」と規定されているので、法律上は立ち入る場所を限定した趣旨である。

× (1)　1項の危険時の立入りは、即時強制に当たる。これに対して、2項の公開の場所への立入りは、警察官は特別の事情がなくとも立ち入ることを要求することができる要求権と相手方の承諾義務を規定したものであるから、即時強制には当たらない。

○ (2)　6条1項は、「警察官は、前2条（4条及び5条）に規定する危険な事態が発生し、人の生命、身体又は財産に対し危害が切迫した場合」としている。

× (3)　危険時の立入りは、4条と5条の危険な事態において認められるので、3条の保護の場合は本条の適用はない。

× (4)　危険時の立入りは、やむを得ないと認めるときに、合理的に必要と判断される限度において行うべきものであるから、その場所に立ち入る以外に他の適当な手段がないと認められる場合でなければならないということである。

× (5)　立入り先は、法律上「他人の土地、建物又は船車」とされているが、これは例示であり、他の場所でも要件を満たす限り立ち入ることができる。

(6) 危険時の立入りの必要があり、それが進行中の車両等の場合はこれを停止させなければ立ち入ることはできず、又は危険な事態が発生している場所に行くために他の場所を通ることが必要となる場合もあるが、当然これらの場合、必要な限度で、車両等を強制的に停止させ、又は他の場所を強制的に通過することができる。

(7) 公開の場所への立入りも、危険時の立入りと同様、人の生命、身体又は財産に対する具体的な危険の発生の存在を要件としている。

(8) 公開の場所への立入りの対象となる場所は、「興行場、旅館、料理屋、駅その他多数の客の来集する場所」とされ、例示的な列挙である。そのほかに、電車等の乗り物、動物園、遊園地、遊技場等を挙げることができる。

(9) 公開の場所への立入りができるのは、その公開時間中においてであるが、風俗営業などのように法律等で営業時間が規制されている場合は、その規制された時間を指している。

(10) 立入りに際しては、みだりに関係者の正当な業務を妨害してはならないことはいうまでもなく、また、その場所の管理者又はこれに準ずる者に対して、必ず立入りに際して事前に立入りの理由を告げ、かつ、その身分を示す証票を提示しなければならない。

○ (6) 危険時の立入りの必要がある事態が生じているのに、そのような行為（進行する車両等の停止、他の場所の強制的通過）ができないというのでは、即時強制としての目的（危害予防、損害拡大防止、被害者救助）を達成することができないこととなる。それゆえ、進行する車両等の停止や他の場所への強制的通過は当然行い得るのである。

× (7) 6条2項の規定の内容からも具体的危険の存在を要件としていない。

○ (8) 設問のとおり。

× (9) 立入りはその公開時間中にできるのであるが、公開時間中とは、現実にその場所を一般の用に供している時間中の意であり、法律等で営業時間が規制されているような場合は、その規制された時間ではなく、現実に営業を継続し公開している時間であるから、その規制時間を超えていてもこの公開時間に当たる。

× (10) 立入りに際しての留意事項としては、みだりに関係者の正当な業務を妨害してはならない（6条3項）と規定されている。また、立入りに際して、その場所の管理者又はこれに準ずる者から「要求された場合」には、その理由を告げ、かつ、その身分を示す証票を提示しなければならない（同条4項）とされている。したがって、必ず事前に立入りの理由を告げ、かつ、その身分を示す証票を提示しなければならないものではない。

Q

　甲警察署のA巡査部長は、B巡査とともに管内を警ら中、本署の当直責任者から「スナック乙において料金のことで、酔っ払いと店員とがもめている旨、スナック乙の客と名乗る者から110番通報あり。現場へ急行し、事情聴取せよ」との指示を受けた。

　両名が現場に到着したところ、当該スナック内でガラスの割れる音や口論が聞こえたので、店内に立ち入ろうとしたところ、店長Cから「どうしたのですか。店は何でもない。警察官が入るとお客さんの迷惑になるので入らないでほしい」と立入りを拒否された。

　この場合において警察官がとり得る措置について考えよ。

〔答案構成〕

1　はじめに

　警察官職務執行法6条は、同法4条（避難等の措置）及び5条（犯罪の予防・制止）に規定する危険な事態が発生した場合に認められる「危険時の立入り」と具体的に危険な事態は発生していないが、犯罪の予防等の観点から行う「公開の場所への立入り」を規定している。

　そこで、本件においてとり得る措置につき、当該立入りの要件を確認し、検討することとする。

2　危険時の立入り（6条1項）が可能か

　当該スナックで酔っ払いと店員とがもめている旨の110番通報があり、当該スナック内でガラスの割れる音や口論が聞こえているということから、この場合、危険時の立入り（6条1項）に該当するか問題となる。

　「危険時の立入り」とは、4条又は5条に規定する危険な事態が発生した場合において、危害予防、損害の拡大防止、被害者救助のため、やむを得ないと認めるときは、合理的に必要と

判断される限度において他人の建物（土地・船車）に立ち入ることができるというものである。

　危険時の立入りは、客観的にみて危害が切迫し、これを制止しなければ犯罪行為が行われてしまうという状態にして可能であり、それゆえ即時強制として認められたものである。

　本件のようにスナック内でガラスの割れる音や口論が聞こえているという事実からするならば、店内で何らかの犯罪が行われていると判断するのが通常であり、その事実を確認する必要性は大きいものといわなければならない。

　そこで、本件の場合、犯罪の行われている蓋然性が濃厚であることから、仮に店長が立入りを拒否していても、それを排除して、立入りが可能であり、犯罪がまさに行われようとするのを認めたときは、その予防のために関係者に必要な警告を発することができ、また、その犯罪行為により、人の生命・身体に危険が及び、又は財産に重大な損害を受けるおそれがあって、急を要する場合においては、その行為を制止できるのである（5条）。

3　公開の場所への立入り（6条2項）は可能か

　危険時の立入りの要件は厳格であることから、仮に人の生命、身体、又は財産に対する危害が切迫しているといえないならば、6条1項に基づく立入りは困難である。

　そこで、その場合は、「公開の場所への立入り」に基づき、犯罪の予防等のために、料理屋等への立入りができることとなる。

　つまり、警察官は、興行場、旅館、料理屋、駅その他多数の客の来集する場所について、犯罪の予防又は人の生命、身体若しくは財産に対する危害予防のため、その公開時間中に立ち入ることを要求することができるのである。

　この要求があった場合には、その場所の管理者又はこれに準ずる者は、正当な理由なくしてこの要求を拒むことができないのである。公開の場所である以上、犯罪又は人の生命、身体若しくは財産に対する危害が発生する可能性が全くない（警察官が立ち入ることの必要性が全くない。）とは考えられないから、「立ち入る必要性がない」と管理者等が判断することは、「正当

な理由」には当たらない。

　本件スナックの場合、この立入り要求をすることができる公開の場所に該当し、しかも公開時間（営業時間）中であるから、犯罪の予防又は人の生命、身体若しくは財産に対する危害予防のために、立入りを行うことができる。

　そこで、本件のような状況にあるならば、店主が立入りを拒否する正当な理由に当たらず、たとえなおも、店長が拒んだとしても、それに対する相当高度の説得活動を行うことにより、立ち入ることができる。

16 武器の使用

組 立 て

```
          ┌─武器の所持及び使用の根拠

          ├─人に危害を加えない使用（使用要件）

          ├─人に危害を加える使用（一定の要件を満たすものに
          │                     限る）
武
器                ┌─正当防衛
の
使               ├─緊急避難
用
                └─犯人の逮捕等

          └─警察官等拳銃使用及び取扱い規範（国家公安委員会
                                      規則）
```

要　点

1 武器の所持及び使用の根拠

警察法67条により、警察官に小型武器の所持が認められていることから、職務を執行するうえで、事態に対する合理的な範囲である限り、その使用は当然に認められるものである。しかし、武器の使用は、人の生命、身体に重大な影響をもたらすものであるから、警察官職務執行法7条において、その使用要件を定め、その要件に該当する場合にのみ武器の使用を適法なものとし、刑法上の正当業務による行為として違法性を阻却するものとしている。

さらに、武器の使用が適法な範囲で行われるだけでなく、使用の妥当性を充足させ、武器使用の具体的基準を警察官に示すため、内部的なものとして「警察官等拳銃使用及び取扱い規範」を定め、法を充足するだけでなく、規範の規定をも充足した使用を義務づけている。

2 人に危害を加えない使用（使用要件）

警察官が、相手に危害を与えないような方法をもって武器を使用できるのは、
① 犯人の逮捕又は逃走の防止
② 自己又は他人に対する防護
③ 公務執行に対する抵抗の抑止
のいずれかについて、その必要があると認める相当の理由のある場合であり、その事態に応じ合理的に必要と判断される限度である。

具体的には、威嚇射撃や拳銃を構えることをいう。

3 人に危害を加える使用

警察官が、武器を使用して人に危害を加えることは、前記の使用要件に加え、正当防衛、緊急避難又は犯人の逮捕等（一定の要件を満たすものに限る。）のいずれかに該当する場合でなければ許されない。

正当防衛
正当防衛とは、急迫不正の侵害に対して、自己又は他人の権利を防衛するため、やむを得ないものとしてなされた反撃行為を意味する。警察官又は他の者に対して違法な加害行為を行う者がある場合に、これに対する反撃として武器を使用することがこれに当たる。

緊急避難
緊急避難とは、自己又は他人の生命、身体、自由若しくは財産に対する現在の危難を避けるために、やむを得ないものとして行われる行為であって、その行為で生ずる害が避けようとした害を超えない場合を意味する。 　緊急避難については、刑法37条2項により、警察官などの業務上特別の義務ある者には適用されないが、警察官が他の者の利益を守るため緊急避難を行うことには問題はない。

犯人の逮捕等
犯人の逮捕等において、次のいずれかに該当し、かつ、相手方の抵抗・逃走を防止し、又は逮捕するために武器を使用する以外の手段がないと警察官において信ずるに足りる相当な理由のある場合には、人に危害を加える武器の使用が許される。

要件	①　重大な罪を現に犯し、若しくは既に犯したと疑うに足りる十分な理由のある者が、その者に対する警察官の職務の執行に対して抵抗し、又は逃走しようとするとき。 ②　逮捕状で逮捕し、又は勾引状、勾留状を執行する際に、その対象となる者が、その職務の執行に抵抗し、又は逃亡しようとするとき。 ③　①又は②の逮捕等を行おうとする場合に、第三者がその犯人等を逃走させようとして警察官に抵抗するとき。

以上の要件を厳格に守った職務上の武器の使用は、たとえ人に危害を与えた場合においても、刑法35条の正当行為に該当し、違法性は阻却され、刑事上及び民事上の責任を負わない。

	あらかじめ拳銃を取り出しておくことができる具体例（4条関係）	
現場臨場	① 拳銃又は刃物等の凶器を携帯した者が街中を徘徊しているとの通報を受け、現場又はその周辺に臨場する場合	
	② 拳銃様の物を携帯した不審者が建物内に押し入ってきたとの通報を受け、現場に臨場する場合	
	③ 拳銃の発砲の通報を受け、現場又はその周辺に臨場する場合	
	④ 人質立てこもり事案の通報を受け、現場に臨場する場合	
	⑤ 暴走族等の非行集団が刃物や鉄パイプ等の凶器を携帯し、多数集結している現場に臨場する場合	
	⑥ 集団密航事案において、密航ブローカー等が拳銃又は刃物等の凶器を携帯している蓋然性が高い現場に臨場する場合	
	⑦ 熊等の危険動物の出没事案で現場に臨場する場合	
職務質問	① 警ら中、刃物等凶器らしき物を携帯した不審者を発見して、職務質問を実施しようとする場合	
	② 持凶器事案に関する緊急配備中、犯人に酷似した者に対し、職務質問を実施しようとする場合	
強制捜査	① 拳銃の不法所持の被疑事実により被疑者を逮捕する場合	
	② 持凶器強盗事件等凶器を用いた凶悪犯罪の犯人が建物の中に逃げ込んだ場合で、逮捕するために当該建物の中に入る場合	
	③ 拳銃の不法所持の被疑事実により被疑者の住居等の捜索を行う場合で、被疑者又は関係者が警察官に対して抵抗する可能性がある場合	
	④ 拳銃の不法所持の被疑事実により暴力団事務所や暴力団員の住居等の捜索を行う場合	
	⑤ 銃刀法違反以外の被疑事実により暴力団事務所等の捜索を行う場合で、被疑者又は関係者が拳銃又は刃物等の凶器を所持している蓋然性が高い場合	

	⑥ 覚醒剤前科者宅の捜索を行う場合で、過去に同被疑者が逮捕・捜索時に抵抗して刃物を振り回した等の事実がある場合
	⑦ 極左暴力集団の非公然アジト等の捜索を行う場合で、被疑者又はその関係者が拳銃又は刃物等の凶器を所持している蓋然性が高い場合
	⑧ 密航者隠匿場所の捜索等を行う場合で、被疑者又はその関係者が拳銃又は刃物等の凶器を所持している蓋然性が高い場合
警戒警備等	① 暴力団抗争事件で張付け警戒を実施する場合において、警戒中の警察官等に対して、拳銃又は刃物等の凶器による襲撃が予想される場合
	② 重要防護対象施設において警戒中の警察官に対して、拳銃又は刃物等の凶器による襲撃が予想される場合
	③ 警衛・警護に従事中、警衛・警護対象者に対して、拳銃又は刃物等の凶器による襲撃が予想される場合

拳銃を構えることができる具体例（5条関係）	
現場臨場	① 刃物を携帯した者が街中を徘徊しているとの通報を受け現場臨場したところ、その者が刃物を警察官に向けて身構え、抵抗しようとした場合
	② 刃物を使用した傷害事件現場に臨場したところ、犯人が刃物を警察官に向けて身構え、抵抗しようとした場合
	③ 強盗の通報を受け現場臨場したところ、犯人が隠し持っていた拳銃様の物を取り出そうとした場合
	④ 拳銃の発砲の通報を受け現場に臨場したところ、犯人らしき者が懐に手を入れ、何かを取り出そうとした場合
	⑤ 暴走族等の非行集団がい集している現場において、数人の少年が鉄パイプ等を警察官に向けて身構え、抵抗しようとした場合
	⑥ 極左暴力集団による、テロ、ゲリラ、内ゲバ事件の現場において、犯人が鉄パイプ又は刃物等を警察官に向けて身構え、抵抗しようとした場合
	⑦ 集団密航事案の現場において、密航ブローカー等が刃

	物を警察官に向けて身構え、抵抗しようとした場合
	⑧ 公道上で刃物を振り回している者が、通行人に対して襲いかかる気勢を示している場合
	⑨ 持凶器強盗事件現場に臨場したところ、犯人が近くにいる通行人を人質に取ろうとした場合
職務質問	① 警ら中、不審者を発見し、職務質問するために近づこうとしたところ、相手が隠し持っていた刃物を取り出して警察官に向けて身構え、抵抗しようとした場合
	② 不審車両を発見し、職務質問しようとしたところ、パトカーに車両を衝突させて抵抗しようとする場合
強制捜査	① 犯人を逮捕しようとする際、犯人が激しく暴れてこれに抵抗し、警棒等では対応できないと判断された場合
	② 逮捕又は捜索等の職務執行の現場で、被疑者又は関係者が刃物を警察官に向けて身構え、抵抗しようとした場合
	③ 逮捕又は捜索等の職務執行の現場で、被疑者又は関係者が隠し持っていた拳銃様の物を取り出そうとした場合
	④ 不法に拳銃を所持している者を逮捕しようとしたところ、その者が拳銃を携帯したまま逃走しようとした場合
交通取締り	車両検問勤務に従事中、警察官に対して衝突を図ろうとする車両を認めた場合
警戒警備等	① 暴力団抗争事件における張付け警戒に従事中、暴力団員が隠し持っていた拳銃を取り出そうとする等、警察官を襲撃しようとした場合
	② 重要防護対象施設の警戒に従事中、相手が隠し持っていた拳銃を取り出そうとする等、警察官を襲撃しようとした場合
	③ 警衛・警護に従事中、相手が隠し持っていた拳銃を取り出そうとする等、警衛・警護対象者を襲撃しようとした場合

		予告することなく相手に向けて拳銃を撃つことができる具体例（6条ただし書関係）
事態が急迫であって予告するいとまのないとき	現場臨場・	① 暴走族等の非行集団のい集現場において、警察官を取り囲んだ多数の者がやにわに鉄パイプ等の凶器を用いて警察官に向かって襲いかかってきた場合
		② 傷害事件の通報を受け現場臨場したところ、犯人がやにわに警察官に向けて刃物を突き刺してきた場合
		③ 傷害事件の通報を受け現場臨場したところ、犯人が今にも刃物を被害者に突き刺そうとしており、直ちに拳銃を犯人に向けて撃たなければ被害者の生命が危険であると認められる場合
		④ 警ら中に拳銃の発砲音を聞き現場臨場したところ、犯人が今にも拳銃を被害者に向けて撃とうとしている場合
	職務質問	① 職務質問のため不審者に接近したところ、相手がやにわに隠し持っていた刃物を取り出し、警察官に向けて突き刺してきた場合
		② 職務質問のため不審者に接近したところ、相手がやにわに拳銃を取り出し、警察官に向けて撃とうとした場合
		③ 盗難手配の出ている不審車両を発見したので、職務質問を行うために停止を求めたところ、これに応じないで、突然周囲の人や物に車両を衝突させながら逃走しようとした場合
	強制捜査	① 被疑者宅の捜索に際し、被疑者又は関係者が警察官の直近に迫り、殺傷力の強い鉄パイプ等を頭部に目掛けて今にも打ち下ろそうとしている場合
		② 被疑者宅の捜索に際し、被疑者が隠し持っていた拳銃をいきなり取り出して警察官に向けて撃とうとした場合
	交通取締り検問	検問を突破すべく、車両を急発進させて検問従事中の警察官に向かってきた場合

警戒警備等		警衛・警護に従事中、相手が警衛・警護対象者の比較的近い場所から急に飛び出し、当該対象者に向けて拳銃を撃とうとした場合
違法行為等を誘発するおそれがあるとき		凶器を使用し、人質を取った凶悪犯人が、人質の解放の説得に応じず、かつ、凶器で危害を加えるそぶりを見せる等人質の生命に危険が切迫しているような状況下において、「撃つぞ」と予告することによりかえって犯人が興奮して人質の生命、身体への危険が高じると認められる場合

威嚇射撃をすることができる具体例（7条1項関係）

多衆を相手にするとき	現場臨場	傷害事件の通報を受け現場臨場したところ、暴力団員等が多人数で乱闘しており、警察官の制止に従わない場合
	職務質問	暴走族等の非行集団に対して職務質問しようとしたところ、逆に多人数で警察官を取り囲み、鉄パイプ等の凶器を用いて抵抗をしようとした場合
	強制捜査	犯人を逮捕しようとする際、犯人以外の多数の者が凶器を用いて警察官に抵抗しようとした場合
相手に向けて拳銃を構え止めても相手が行為を中止しないと認めるとき		① 第1現場において拳銃を構えたにもかかわらずなお刃物での抵抗を中止しなかった犯人が、逃走の後、第2現場において再び警察官に刃物で抵抗しようとした場合 ② 拳銃又は刃物等の凶器を携帯した凶悪犯人を逮捕しようとしたところ、背を向けて逃走した場合 ③ 拳銃を構えることができる具体例のうち、相手が拳銃を取り出そうとした事例以外の事例において、警察官が相手に向けて拳銃を構えたにもかかわらず、相手が行為を中止しない場合

威嚇射撃をすることなく相手に向けて拳銃を撃つことができる具体例（7条3項関係）	
事態が急迫であって威嚇射撃をするいとまがないとき	予告することなく相手に向けて拳銃を撃つことができる具体例の「事態が急迫であって予告するいとまのないとき」と同様
威嚇射撃をしても相手が行為を中止しないと認めるとき	①　予告することなく相手に向けて拳銃を撃つことができる具体例の「違法行為等を誘発するおそれがあるとき」と同様 ②　第1現場において犯人に対し威嚇射撃をしたにもかかわらず、なお刃物での抵抗を中止しなかった犯人が、逃走の後、第2現場において再び警察官に向けて刃物を突き刺そうとした場合で、拳銃を犯人に向けて撃たなければ自己の生命、身体を防衛し、又は犯人を逮捕することができないと認めるとき。
周囲の状況に照らし人に危害を及ぼし、又は損害を与えるおそれがあると認めるとき	①　威嚇射撃をすることができる具体例のうち、相手が逃走した事例以外の事例において、当該場所に群衆が集まり、又は建物が密集している等、威嚇射撃をすると直接又は跳弾により人に危害等を及ぼすおそれがある場合において、警察官が拳銃を撃つことの予告をしたにもかかわらず相手が行為を中止せず、警察官又は一般市民に襲いかかってきた場合で、拳銃を相手に向けて撃たなければ自己又は他人の生命、身体を防衛し、又は犯人を逮捕することができないと認めるとき。 ②　威嚇射撃をすることができる具体例のうち、相手が逃走した事例において、当該場所に群衆が集まり、又は建物が密集している等、威嚇射撃をすると直接又は跳弾により人に危害等を及ぼすおそれがある場合において、警察官が拳銃を撃つことの予告をしたにもかかわらず相手が逃走を中止しない場合で、相手が連続殺人犯である等このまま

| | 逃走を許せば一般市民の生命、身体に危害を及ぼすことが十分予想され、拳銃を相手に向けて撃たなければ逮捕することができないと認めるとき。 |

狂犬等の動物その他の物に向けて撃つことができる具体例（7条4項関係）

① 人に危害を加えるおそれのある狂暴な熊等の動物が、人里に現れた場合
② 車両を使用して逃走しようとする凶悪犯人の逃走を最小限に食い止めるため、警察官が停車中の当該車両に接近してタイヤを撃つ場合

威嚇射撃をした上で相手に向けて拳銃を撃つことができる具体例（8条関係）

① 威嚇射撃をすることができる具体例のうち、犯人が逃走した事例以外の事例において、警察官が拳銃を撃つことの予告及び威嚇射撃をしたにもかかわらず相手が行為を中止せず、警察官又は一般市民に襲いかかってきた場合で、拳銃を相手に向けて撃たなければ自己又は他人の生命、身体を防衛し、又は犯人を逮捕することができないと認めるとき。
② 威嚇射撃をすることができる具体例のうち、犯人が逃走した事例において、警察官が拳銃を撃つことの予告及び威嚇射撃をしたにもかかわらず相手が逃走を中止しない場合で、相手が連続殺人犯である等このまま逃走を許せば一般市民の生命、身体に危害を及ぼすことが十分予想され、拳銃を相手に向けて撃たなければ逮捕することができないと認めるとき。

拳銃の使用に係る適切な役割分担が行われるための必要な指示の具体例（9条3項関係）

　銃器又は刃物を使用又は所持していると認められる事案に関する110番通報を通信指令室において受理した場合で、警察官が複数で現場臨場することを認知した場合、通信指令官が、拳銃を携帯して臨場することや、拳銃を使用する場合には適切な役割分担を行うよう配意することを指令する。

これを受けて所属長は、射撃能力の最も高い者を射撃を率先して行う者とし、階級上位の中で現場経験の最もある者を現場指揮官とするなどの役割分担を指示する。

拳銃を使用する可能性のある職務の具体例（11条2項関係）	
現場臨場	① 拳銃、刃物等の凶器を使用した犯行現場に赴く場合 ② 暴走族等非行集団間の対立抗争事案の現場に赴く場合
捜査活動	① 拳銃不法所持の被疑事実により捜索を行う場合 ② 拳銃不法所持の被疑者の逮捕に赴く場合 ③ 暴力団関係者、銃器犯罪被疑者等銃器所持の蓋然性が高い相手の逮捕又は関連場所の捜索を行う場合 ④ 持凶器強盗を敢行する犯罪グループ検挙のため、よう撃捜査に従事する場合 ⑤ すり等を敢行する来日外国人組織窃盗グループの検挙活動に従事する場合 ⑥ 持凶器事案の発生に際し、緊急配備、検問等に従事する場合 ⑦ 機動捜査隊員が機動捜査活動に従事する場合 ⑧ 極左暴力集団によるテロ、ゲリラ、内ゲバ事件のよう撃捜査に従事する場合 ⑨ 密航者運搬船の検索又は密航者隠匿場所の捜索に従事する場合
交通取締り	鉄パイプ等の凶器を携帯している暴走族等非行集団の取締りに従事する場合
警戒警備等	① 重要防護対象施設の警戒に従事する場合 ② 警衛・警護に従事する場合

Q

次のうち、正しいものには〇、誤っているものには×を記せ。

(1) 警察官は、警察法67条によって、その職務遂行のため小型武器を所持することが認められており、さらに警察法は、小型武器の内容及び基本的な武器の使用の基準について規定している。

(2) 皇宮護衛官については警察法69条 4 項によって、67条が準用され小型武器を所持することが認められており、使用については69条 5 項により警察官職務執行法の武器使用の規定が準用されている。

(3) 麻薬取締官及び麻薬取締員並びに海上保安官及び海上保安官補については、麻薬及び向精神薬取締法や海上保安庁法に、それぞれ（小型）武器の携帯を認める規定が設けられており、武器使用につき、警察官職務執行法 7 条が準用されている。

(4) 武器とは、本来殺傷の用に供する目的で製作され、その本来の用法に従って使用するときは、ほとんど確実に、かつ、直ちに、殺傷の危害を及ぼすものとされており、拳銃、ライフルがその典型であるが、催涙ガスや催涙スプレーもここでいう武器と解されている。

解　答

× ｜ (1)　警察法はその67条において、「警察官は、その職務の遂行の
　　　ため小型武器を所持することができる。」としているのみで、
　　　同法は小型武器の内容や基本的な武器使用の基準については、
　　　規定していない。これらを明確にする必要から、警察官職務執
　　　行法や警察官等拳銃使用及び取扱い規範に具体的に明らかにさ
　　　れている。

○ ｜ (2)　皇宮護衛官の小型武器の所持の根拠は、警察法69条 4 項に求
　　　めることができ、警察官職務執行法の適用を受ける（同条 5 項）。

○ ｜ (3)　麻薬取締官及び麻薬取締員については麻薬及び向精神薬取締
　　　法54条 7 項で、海上保安官及び海上保安官補については海上保
　　　安庁法19条に、それぞれ（小型）武器の携帯を認める規定が設
　　　けられており、武器使用については、警察官職務執行法 7 条が
　　　準用されている（麻薬及び向精神薬取締法54条 8 項、海上保安
　　　庁法20条）。

× ｜ (4)　武器とは、設問のように①本来殺傷の用に供する目的で製作
　　　され、②その本来の用法に従って使用するときは、③ほとんど
　　　確実に、かつ、直ちに、殺傷の危害を及ぼすものとするのが妥
　　　当な定義であり、拳銃、ライフルが、これに該当することはい
　　　うまでもないが、警察で用いることのある催涙ガスや催涙スプ
　　　レーは、人に対して一時的催涙効果を及ぼし、人の行動力を短
　　　期間減退させるものであり、永続的機能障害を与えるものでは
　　　なく、人を殺傷するものではないから、ここでいう武器には当
　　　たらないと解されている。

(5)　拳銃を含む武器の使用は、警察官職務執行法７条に規定されているが、使用の過程は、不測等の事態に備えて拳銃を事前に取り出しておくこと、さらに相手に向かって構えて警告を発し、上空に向けて威嚇し、あるいは車両のタイヤを撃ち、やむを得ない場合には相手に向かって撃つという手順をふむことになり、いずれも使用の範ちゅうに含まれる。

(6)　人に危害を与えない武器（拳銃）の使用は、犯人の逮捕若しくは逃走の防止、自己若しくは他人に対する防護、又は公務執行に対する抵抗の抑止のために、必要と認める相当な理由のある場合に、その事態に応じ合理的に必要と判断される限度において認められる。

(7)　人に危害を与える武器（拳銃）の使用は、犯人の逮捕若しくは逃走の防止、自己若しくは他人に対する防護、又は公務執行に対する抵抗の抑止のために、必要と認める相当な理由のある場合に、その事態に応じ合理的に必要と判断される限度において、かつ、正当防衛若しくは緊急避難に該当する場合に限られる。

× (5) 具体的に拳銃を使用する場合の過程としては、設問のように、不測等の事態に備えて拳銃を取り出しておくこと、相手に向かって構えて警告を発し、上空に向けて威嚇し、あるいは車両のタイヤを撃ち、やむを得ない場合には相手に向かって撃つという手順をふむことになるとしても、拳銃を不測等の事態に備えて事前に取り出しておくことは、使用のための準備であって、使用行為に当たらない。

○ (6) 人に危害を与えない武器（拳銃）の使用を定めているのは、警察官職務執行法７条本文であり、犯人の逮捕・逃走の防止、自己・他人に対する防護、公務執行に対する抵抗の抑止の三つの場合であり、客観的に必要なときに限られる。具体的には、人に向けて構えること、上空に向かって威嚇射撃を行うこと等がある。

× (7) 人に危害を与える武器（拳銃）の使用は、警察官職務執行法７条ただし書以下に規定されている。つまり、犯人の逮捕若しくは逃走の防止、自己若しくは他人に対する防護、又は公務執行に対する抵抗の抑止のために、必要と認める相当な理由のある場合に、その事態に応じ合理的に必要と判断される限度において、かつ、正当防衛若しくは緊急避難に該当する場合、又は次に該当する場合である。

① 死刑又は無期若しくは長期３年以上の懲役若しくは禁錮に当たる凶悪な罪を現に犯し、若しくは既に犯したと疑うに足りる十分な理由のある者が、その者に対する警察官の職務の執行に対して抵抗し、若しくは逃亡しようとするとき

② 逮捕状により逮捕する際又は勾引状若しくは勾留状を執行する際、その本人がその者に対する警察官の職務の執行に対して抵抗し、若しくは逃亡しようとするとき

③ ①又は②の逮捕の際、第三者がその者を逃がそうとして警察官に抵抗するとき

で、これを防ぎ、又は逮捕するために他に手段がないと警察官において信ずるに足りる相当な理由のある場合。

このように、危害発生許容要件は、正当防衛、緊急避難のほかに、一定の要件を満たす犯人の逮捕において相手方の抵抗・逃走防止をするうえで、他に手段がないときにも認められている。

(8)　警棒等を武器に代わるものとして、使用することを認めているのは、「警察官等警棒等使用及び取扱い規範」であり、そこでは、正当防衛又は緊急避難に該当する場合で、自己又は他人の生命、身体を防護するため必要であると認めるときや、凶悪な罪の犯人を逮捕する際、逮捕状により逮捕する際又は勾引状若しくは勾留状を執行する際、その本人が当該警察官の職務の執行に対して抵抗し、若しくは逃亡しようとする場合、又は第三者がその者を逃がそうとして当該警察官に抵抗する場合、これを防ぎ又は逮捕するために他に手段がないと認めるときである。

(9)　拳銃を撃つ場合の予告については、法令等に特別に規定されていないので現場の警察官が具体的状況に応じて、判断することになる。

(10)　部隊行動により行動する場合に拳銃や警棒を使用するときは、当然個々の隊員の遭遇する場面が異なるから、各隊員の判断によって行うことになる。

○ (8) 警察官等警棒等使用及び取扱い規範において、警察官職務執行法7条の武器使用の内容を具体的に整理し、より適正な使用を図っている。警棒等を武器に代わるものとして使用することができる要件は、設問のとおり（同規範4条2項）。

× (9) 拳銃を撃つ場合の予告については、警察官等拳銃使用及び取扱い規範6条に「拳銃を撃とうとするときは、拳銃を撃つことを相手に予告するものとする。ただし、事態が急迫であって予告するいとまのないとき又は予告することにより相手の違法行為等を誘発するおそれがあると認めるときは、この限りでない。」として、原則として警告を要件としている。

× (10) 部隊行動によって行動する場合の拳銃の使用については、警察官等拳銃使用及び取扱い規範9条に規定されており、それによれば、状況が急迫で命令を受けるいとまのないときを除き「その場の部隊指揮官の命令によらなければならない。」とされ、同様に、警棒の使用についても警察官等警棒等使用及び取扱い規範5条に定められており、このことから、個々の隊員の判断に基づくものではなく、原則として部隊指揮官の命令によることになる。

Q

A巡査部長とB巡査が警ら中、本署当直責任者から「暴力団事務所付近で拳銃が発射され、けが人が出ている模様。受傷事故防止に配意して現場に急行せよ。」との無線連絡を受けた。

この場合、次の問に根拠を挙げて答えよ。

(1) 拳銃をあらかじめ取り出しておくことができる場合

(2) 本件被疑者を発見し、拳銃を使用できる場合

〔答案構成〕

拳銃の使用の根拠を定めたものは、警察官職務執行法（以下「法」という。）7条と警察官等拳銃使用及び取扱い規範（以下「規範」という。）であり、規範は法の要件を具体的に絞りこんで規定している。

1 拳銃をあらかじめ取り出しておくことができる場合

規範4条は「警察官は、職務の執行に当たり拳銃の使用が予想される場合においては、あらかじめ拳銃を取り出しておくことができる。」としているから、本件のように拳銃発砲の通報を受け、現場又はその周辺に臨場する場合、拳銃の使用が予想されることから、本条に基づき、拳銃を取り出すことができる。

なお、あらかじめ取り出しておくことは、拳銃の使用ではなくその準備行為であり、取り出す時期においては、具体的事案に即し、警察官の判断によることになる。

2 本件被疑者を発見し、拳銃を使用できる場合

(1) 拳銃を相手に向けて構えることができる場合

規範5条は「警察官は、法第7条本文に規定する場合においては、相手に向けて拳銃を構えることができる（1項）。前項の規定により拳銃を構える場合には、相手の人数、凶器の有無及び種類、犯罪の態様その他の事情に応じ、適切な構え方をするものとする（2項）。」として、拳銃を相手に向けて構えることができる場合を規定している。

構えるとは、銃口を相手に向けることをいい、相手の抵
　抗意思を弱めようとする拳銃使用の一形態であり、当然本
　件のような場合には、被疑者が拳銃を所持していることが
　予想されることから、抵抗意思をなくすためにも、拳銃を
　構えることが可能である。
(2)　いわゆる威嚇発射ができる場合
　　威嚇発射ができる場合は、法７条本文及び規範７条に定
　められており、規範は法より要件を厳格にしている。
　　規範７条は、「警察官は、法第７条本文に規定する場合
　において、多衆を相手にするとき、相手に向けて拳銃を構
　えても相手が行為を中止しないと認めるときその他威嚇の
　ため拳銃を撃つことが相手の行為を制止する手段として適
　当であると認めるときは、上空その他の安全な方向に向け
　て拳銃を撃つことができる（１項）。前項の規定により威
　嚇射撃をする場合には、人に危害を及ぼし、又は損害を与
　えることのないよう、射撃の時機及び方向に注意するとと
　もに、その回数も必要最小限にとどめるものとする（２
　項）。」と規定している。
　　威嚇発射は、拳銃を構えただけでは、なお、その目的を
　達成できない場合にしてはじめてできるのである。
　　当然本件のような場合には、被疑者が拳銃を所持してい
　ることが予想されることから、銃器を捨てるようにと、拳
　銃を構え警告しても、なおも抵抗をし続ける場合、その抵
　抗を抑止するため、威嚇発射して、相手がひるんだすきに
　逮捕することも可能である。
(3)　相手に向けて撃つことができる場合
　　相手に向けて撃つことができる場合は、法７条ただし書
　及び１号・２号、規範８条に定められている。
　　規範８条は、「警察官は、法第７条ただし書に規定する
　場合には、相手に向けて拳銃を撃つことができる（１項）。
　前項の規定により拳銃を撃つときは、相手以外の者に危害
　を及ぼし、又は損害を与えないよう、事態の急迫の程度、
　周囲の状況その他の事情に応じ、必要な注意を払わなけれ
　ばならない（２項）。」と規定している。

つまり、警察官は、犯人の逮捕もしくは逃亡の防止、自己もしくは他人に対する防護又は公務執行に対する抵抗の抑止のため、警棒等を使用する等の他の手段がないと認められるときは、その事態に応じ必要な最小限度において拳銃を撃つことができると規定しているが、このような場合で、しかも、

① 正当防衛又は緊急避難に該当する場合で、自己又は他人の生命又は身体を防護するため必要であると認めるとき

② 凶悪な罪の犯人を逮捕する際、逮捕状により逮捕する際、勾引状・勾留状を執行する際に、その本人が警察官の職務の執行に対して抵抗し、若しくは逃亡しようとする場合にこれを防ぎ、逮捕するため他に手段がないと認めるとき

③ ②の際に第三者がその者を逃がそうとして警察官に抵抗する場合にこれを防ぎ、逮捕するため他に手段がないと認めるとき

である。

　このようなことから、被疑者が拳銃を発砲して抵抗するような場合には、必要な限度において、相手に向けて撃つことができるのである。

　なお、「凶悪な罪」とは、法7条1号において、死刑又は無期、長期3年以上の懲役・禁錮に当たる罪としているが、これを規範2条2項では一定の罪を列挙している。

NEW トライアングル学習　警察行政法【補訂版】

平成27年 2 月20日	初 版 発 行
令和 6 年 4 月15日	補訂版発行

編著者　受験対策研究会

イラスト　村　上　太　郎

発行者　星　沢　卓　也

発行所　東京法令出版株式会社

112-0002	東京都文京区小石川 5 丁目17番 3 号	03(5803)3304
534-0024	大阪市都島区東野田町 1 丁目17番12号	06(6355)5226
062-0902	札幌市豊平区豊平 2 条 5 丁目 1 番27号	011(822)8811
980-0012	仙台市青葉区錦町 1 丁目 1 番 10 号	022(216)5871
460-0003	名古屋市中区錦 1 丁目 6 番 34 号	052(218)5552
730-0005	広島市中区西白島町11番 9 号	082(212)0888
810-0011	福岡市中央区高砂 2 丁目13番22号	092(533)1588
380-8688	長 野 市 南 千 歳 町 1005 番 地	

〔営業〕TEL 026(224)5411　FAX 026(224)5419
〔編集〕TEL 026(224)5412　FAX 026(224)5439
https://www.tokyo-horei.co.jp/

ISBN978-4-8090-1475-8